最高の人時生産性を実現し、
戦略だけで収益を最大化させる

逆論のBtoBマーケティング受注プロセス戦略

~実話で証明する十か条の提言~

デ・スーザ リッキー
著

エベレスト出版

目次

最高の人時生産性を実現し、戦略だけで収益を最大化させる
逆論のBtoBマーケティング 受注プロセス戦略 ～実話で証明する十か条の提言～

はじめに

はじめに

まずは、本書を手に取っていただき、心から感謝申し上げます。

この書籍を手にしたということは、現代のビジネス環境において、マーケティングや営業の在り方に対して何かしらの疑問や課題を感じ、打開策を模索しているのではないでしょうか。

本書の目的は、まさにそのようなあなたに、解決策や新たな視点を提供することにあります。現代のビジネスは、変化のスピードが増し、競争が激化しています。その中で、企業が生き残り、成長を遂げるためには、従来の方法だけでは通用しない場面が増えてきています。特に、ＢtoＢビジネスにおいては、営業とマーケティングの統合が急務となり、その実践が求められています。

私の前作『営業を起点とし、マーケティング組織で実現させる、Ｗｅｂサイト受注プロセス戦略』は、激動する市場環境において多くの企業に支持され、その内容が非常に高い評価を得ました。このことからも、多くの企業が、営業とマーケティングの連携の重要性に強く関心を寄せていることがわかります。

本書は、その後継書として、より実践的な観点から、新たなアプローチを提案しています。特に、今後のビジネス展開を考える際に重要な「逆論のマーケティング論」に焦点を当て、これまでの常識を覆すような視点を提供することを目的としています。

本書で提案する『逆論のマーケティング論』は、一般的なマーケティング手法とは異なり、あえて主流の考え方に逆らうアプローチです。しかし、これは単なる逆張りではなく、私の長年の経験と成功例に裏付けられた理論です。

これまで私は、数々の企業と共に様々なプロジェクトを進めてきましたが、その中で確信したのは、どんなに優れた「王道の戦略」でも、すべての状況において通用するわけではないということです。むしろ、状況によっては、あえて既存の枠を超えたアプローチが求められることがあるのです。そのため、私はあえて「逆論」を掲げ、その理論を提唱するに至りました。

また、本書を通じて、私が考えるマーケティングの本質を共有したいと思います。マーケティングは単なる販売促進手段ではなく、企業全体の戦略と結びついた、組織的な取り組みであるべきです。本書では、その観点から、いかにして営業とマーケティングを統合し、効果的な戦略を立案し、実行に移すかを解説します。この一貫したアプローチが、企業に持続的な成長をもたらし、競争優位を築くための鍵となるのです。

本書を読むことで、読者のみなさまが、現代のビジネス環境において直面する課題を解決し、新たな成長のチャンスを掴むためのヒントを得られることを期待しています。そして、その過程で「逆論のマーケティング論」が、単なる理論ではなく、実務に即した戦略的な選択肢であることを理解していただければ幸いです。

ビジネスの世界は常に変化し続けています。その変化に対応し、常に新しい視点で物事を捉えることが、これからの時代を生き抜くために不可欠です。本書が、あなたのビジネスにおける新たな突破口を見つける一助となることを心より願っています。

本書の特徴と目的

本書の最大の特徴は、私自身が積み重ねてきた実践的な経験と成功事例を基に、読者に具体的な「Ｗｈａｔ（何をしたのか?）」を提示する一方で、「Ｈｏｗ（どのようにやるのか?）」に関しては意図的に詳細を割愛している点にあります。

このアプローチを取った理由は、企業によって状況や強みが異なるため、成功のための戦略も企業ごとに異なるからです。異なる企業が他社の成功事例をそのまま模倣したとしても、同じ結果を得ることは極めて困難です。むしろ、それぞれの企業が持つ独自の特性や市場状況を鑑み、自らの戦略を構築することこそが、真の成功を引き寄せる鍵となります。

私のこれまでの経験を振り返っても、一貫して感じてきたのは、戦略は「マニュアル化」できないということです。どれだけ優れた手法や理論が存在しても、企業ごとの状況や課題は多様であり、普遍的な成功の方程式は存在しません。

ですから、本書では「気づき」を重視しています。読者自身が自社に最適な戦略を構築するための「気づき」を得られることを最終的な目的としているのです。この「気づき」こそが、ビジネスの変革をもたらす原動力であり、単なる知識の習得以上の価値をもたらします。

本書を手にしたみなさまに期待しているのは、「そうか、こうすればいいのか！」と、自らのビジネスに対する新たな洞察やアイデアを得る瞬間です。私はこれまで、多くの企業やプロジェクトに携わってきましたが、その中で確信しているのは、成功への道は一つではないということです。

企業が直面する状況や課題は千差万別であり、そこに適した戦略もまた一つではありません。そのため、私は本書を通じて、みなさまが自らのビジネス環境に適したオリジナルの戦略を見つけ出し、実践できるようになることを目指しています。

また、本書が提供する「気づき」は、単なる思考の転換に留まらず、具体的なアクションへとつなげるためのものです。読者が自身のビジネスに向き合い、新たなアプローチを模索する過程で、この「気づき」が一つの指針となることを期待しています。

ビジネスの成功は、模倣ではなく、自ら考え抜き行動することで掴み取るものです。本書がその一助となり、みなさまのビジネスが新たな段階に進むためのきっかけとなれば、これほど嬉しいことはありません。

まとめると、本書の目的は、単に成功事例を示すことではなく、読者が自社に適した独自の戦略を見つけ出すための「気づき」を与えることにあります。そのために、本書では「Ｗｈａｔ」を明示し、「Ｈｏｗ」を敢えて割愛しました。これが本書の最大の特徴であり、読者のみなさまがその価値を最大限に享受し、新たなビジネスの突破口を見つける一助となることを願っています。

シンプルさの中に潜む真実

マーケティングの世界では、常に新しいトレンドや技術が登場し、それらが「次の成功の鍵」として喧伝されがちです。しかし、私がこれまでの経験を通じて感じていることは、真の成功は往々にして「基本の徹底」にあるということです。基本的な要素を単に知識として持っているだけではなく、それをいかに実践し、応用し、具体的な結果を出すかが本質的に重要です。

たとえば、私の前著で紹介したＷｅｂサイト受注プロセス戦略では、マーケティングと営業が一体となった連携が必要とされます。これは決して新しい考え方ではありませんが、多くの企業が見落としているのは、この連携をどれだけ深く追求できるか、そしてどれだけ精緻に運用できるかという点です。多くの企業が失敗するのは、この「基本」に対する理解が不足しているためです。単に知識を持っているだけでは不十分であり、その理解を深めるためには、実践を通じて得られる洞察が欠かせません。

基本の重要性を理解したうえで、次に考えるべきは、その基本をいかにして現代のビジネス環境に適応させるかという点です。現代のビジネス環境は複雑であり、企業ごとに異なる市場環境や競争状況に応じたアプローチが求められます。

そのため、本書では、私が手がけた具体的な事例を基に、その考え方を詳細に示していきます。ただし、読者のみなさまには、これらの事例をそのまま模倣するのではなく、自社の状況に合わせて柔軟に適用することをお勧めします。そうすることで、より効果的で本質的な戦略が見えてくるはずです。

また、本書の後半（第5章）で述べる「逆論のマーケティング論の誕生」にも、ここで軽く触れておくべきでしょう。それは本書に登場する「逆張り」のメソッドは、あくまでもマーケティングの基本に忠実でありながらも、必要に応じて既存の枠組みを超えた戦略の採用だと云う事実です。「型破り」ではあっても、決して「形無し」ではない、「基本の徹底」と「逆論の適応」を両立させることで、企業は複雑な市場環境においても競争優位を確立することができるのです。

私が本書を通じて伝えたいのは、シンプルさの中に潜む真実を見極め、その真実をいかにして自社の戦略に組み込むかということです。それは決して容易な道ではありませんが、基本を徹底し、逆論的なアプローチを取り入れることで、企業は新たな成功への道を切り開くことができると信じています。

戦略の重要性

繰り返しになりますが、本書の構成で重要な点は、「Ｗｈａｔ（何をしたのか？）」について詳しく記述しつつも、「Ｈｏｗ（どのようにやるのか？）」に関しては敢えて詳述しないという点です。

この方針は意図的であり、どの企業も成功するための戦略が、その企業の独自性や市場状況に密接に関連しているため、他社の成功事例を単純に模倣しても同様の結果を得ることはできないからです。むしろ、各企業が自社の状況に応じた独自のアプローチを見つけ出し、戦略を考え抜くことが必要不可欠です。

第５章で触れていく「逆論のマーケティング論の誕生」でも、この基本思想に触れていますが、結局、企業が成功をするためには、既存の枠組みを理解しつつ、それを超えるアプローチが求められる場合が、往々にしてあるということです。企業の状況に応じて、どの戦略が最適かを見極め、自らの判断で行動することが、最終的に成果をもたらすカギとなります。

それらすべての戦略の重要性を理解した上で、次に考えるべきは、その戦略をどのように実行に移すかという課題です。マーケティングと営業の連携を深め、成功に導くためには、組織全体が一丸となり、共通の目標に向かって取り組む必要があります。トップダウンの指示だけではなく、現場の声をしっかりと反映させ、実行可能なプランを策定することが重要です。このプロセスを経ることで、企業は競争の激しい市場においても確固たる優位性を築くことができるでしょう。

さらに、現代のビジネス環境では、戦略の柔軟性も重要な要素となります。市場の変化や競争環境に迅速に対応し、必要に応じて戦略を修正できる能力が求められます。この柔軟性を持つ企業は、予期せぬ事態にも適応し、逆境をチャンスに変えることができるでしょう。こうした戦略の重要性を理解し、実行に移すことができる企業は、持続的な成長を遂げ、業界内でのリーダーシップを確立することができます。

本書を通じて、読者のみなさまには、自社に最適な戦略を構築し、その戦略を実行に移すためのヒントを得ていただきたいと考えています。そして、その過程で自社の強みを最大限に活かし、新たなビジネスチャンスを掴むための基盤を築いていただけることを願っています。

コロンブスの卵的な発見

ところで、多くの読者にとって、本書で紹介する戦略や考え方は、まさに「コロンブスの卵」のように感じられるかもしれません。一見、常識や慣例に反するような手法やアプローチが含まれており、最初は疑問に思う方もいるかもしれません。

しかし、コロンブスの卵の逸話が示すように、難題の解決策というものは、知ってしまえば「なぜ今まで気づかなかったのか」と思えるほど単純でありながら、実際には誰もが思いつかなかったものです。本書における戦略や提案も同様で、既存の枠組みや思考の限界を超えることで初めて見えてくるものです。

たとえば、弊社がその地位を築くにあたり「しなかったこと」を挙げると、リード数の最大化を追求せず、ＳＥＯ対策も行わず、ＳＮＳも積極的に活用せず、広告費もほとんどかけず、分析も最小限に抑えるといった点が含まれます。また、人員の採用を行わず、目立つことを避け、数字の量で評価せず、さらには達成していないことを公言すらしない、という、おおよそＢ to Ｂマーケティングの「常識」とされる行為に、とことんに「反した」選択をしてきました。

これらの選択は、一般的なマーケティングの「成功法則」とは真逆の方向に位置します。通常、ビジネス界では、成功のためにはリード数を増やし、ＳＥＯ対策を強化し、ＳＮＳを駆使し、広告を打ち、詳細な分析を行い、組織を拡大して目立つことが必要だとされています。しかし、弊社はあえてその逆を行い、結果的に成功を収めてきました。

もちろん、これらの手法を知れば「なるほど！」と思われるでしょう。しかし、実際にこれを実行に移すには、相当な勇気と確信が必要です。というのも、これらのアプローチは、企業にとってはあまりにもリスクが高く見えるからです。従来の成功モデルに逆らうことは、不安や懸念を伴います。しかし、真のイノベーションは、このような逆境や不確実性の中でこそ生まれるものです。

「しないこと」を選ぶ背後には、深い思考と戦略が存在します。無駄を省き、本質に集中することで、より効果的で持続可能な成果を追求する姿勢が根底にあります。
たとえば、リード数の最大化を追求しない理由は、無駄なリソースを消費するのではなく、質の高いリードに絞り込むことで、より効果的な営業活動を実現するためです。また、SEO対策やSNSの活用を避けたのは、一般的な手法に頼らずに独自の価値を創造するためです。

このような「しないこと」の選択は、ビジネスにおいて非常に効果的な戦略となり得ますが、その本質を理解し、実行するのは決して簡単ではありません。

これらの選択は、他の企業が簡単に模倣できないものです。なぜなら、単なる「逆張り」ではなく、深く考え抜かれた結果であり、既存の枠組みを超えた新しい戦略だからです。この発見がビジネスを次のステージへと導く鍵となるのです。コロンブスが卵を立てたように、読者が「そうか、そういう考え方があったのか！」と気づく瞬間こそが、本書の真髄です。

マーケティングの成果を得るためには、「気づき」と「基本の作法」、そしてそれを日々の鍛錬を通じて磨き上げることが不可欠です。本書はそのための手助けとなることを目指しています。情報過多の時代だからこそ、真の価値ある戦略を見つけ出し、実践するための手法をしっかりと身につけていただきたいと考えています。そして、読者がこの書籍を通じて、新たな視点を得て、ビジネスの世界で成功を収めるための道を切り開くことを心から期待しています。

実例を通じた具体的なアプローチ

本書では、私がこれまで関わった数多くの企業で得た経験をもとに、具体的なアプローチを、事例を交えて提示しています。これらの事例は、単なる成功談に留まらず、読者の皆様にとっての「気づき」を提供し、新たな視点を開くための一助となることを目的としています。

たとえば、ある企業では、営業とマーケティングの連携を深めることで、売上が大幅に向上したケースがありました。これにより、その企業は競争力を大きく強化し、業界内での地位を確立することができました。

しかし、これらの事例をそのまま模倣することはお勧めしません。なぜなら、各企業には独自の市場環境や特有の課題が存在し、成功のための最適な戦略もまた異なるからです。

本書で示す事例から得られる考え方や視点を参考に、各企業が自社の状況に合わせたカスタマイズを行うことで、最大限の効果を発揮することができるようになると確信しています。

具体的なアプローチとしては、まず企業の現状を正確に把握し、その上で最適な戦略を策定することが求められます。このプロセスでは、企業内部の強みや弱みを徹底的に理解し、市場環境を考慮した上で、適切なアプローチを選定することが重要です。さらに、マーケティングと営業の連携を深めるためには、経営者から現場の従業員に至るまで、全ての関係者が共通の目標に向かって一丸となって取り組むことが不可欠です。このような組織全体の一体感が、成功を引き寄せる最大の要因となるのです。

さらに、戦略策定後の実行段階においても、柔軟性を持ちながら状況に応じて迅速に対応できる体制を整えることが求められます。企業環境や市場の変化に素早く対応できる企業こそが、持続的な成長を遂げることができるのです。本書を通じて提示される実例やアプローチが、皆様の企業活動において新たなヒントを提供し、さらなる成功への道を切り開くきっかけとなることを期待しています。

読者へのメッセージ

最後に、本書を通じて皆様にお伝えしたいメッセージは、ビジネスにおける「気づき」と「基本の作法」の重要性です。これらの要素を身につけ、日々の業務において実践することが、ビジネスの成果を最大限に引き出すための鍵となります。本書では、単なる知識の提供にとどまらず、読者の皆様が自社に最適な戦略を構築するための「気づき」を得られることを目的としています。

この「気づき」を得ることで、読者の皆様は自社のビジネスにおける新たなアプローチを見つけ出し、それを最大限に活用することで、持続的な成長と成功を達成することができるでしょう。本書がそのための一助となり、皆様が新たな視点やアプローチを得て、ビジネスの成功へと導かれることを心から願っています。

また、本書を読み進める中で、皆様が新たな視点を得て、自社のビジネスにおける真の価値を見つけ出し、その価値を最大限に引き出すためのアプローチを見つけられることを願っています。そして、皆様がビジネスの世界で「コロンブスの卵」を見つけ出し、他者が気づかないような独自の道を切り開くことができることを、心から期待しています。本書を通じて、その旅を共に歩んでいきましょう。

駆け出しに「やさしくない」世の中の「BtoBマーケティング」指南

本書は、私が自社の歴史をもとに書き上げた、まさに、「出遅れながらもこれからマーケティングを本格的に始める経営者」のためのＢtoＢマーケティング指南書です。

現代のビジネス環境において、特にＢtoＢの分野でマーケティングを行おうとする企業にとって、実践的な指導や指針は必要不可欠です。なぜなら、ＢtoＢマーケティングは理論だけでなく、現場での経験や実践に基づく知見が重要だからです。本書は、その「事業推進」としての実践的な部分に焦点を当て、単なる知識の集積ではなく、ビジネスの現場で即座に役立つ内容を提供します。

私の会社、株式会社Marketer's Brainは、今から6年前、２０１９年に設立されました。当時、弊社は資産と呼べるものを何一つ持っていませんでした。ヒト・モノ・カネ、すべてのリソースを持たず、裸一貫で立ち上がったこの事業は、マーケティング支援事業者業界、というマーケティング競争が最も過酷な環境下において、何も資産もなかった一方で、

「唯一持っていた希望」がありました。それが「自前の戦略」でした。

そして、この当時は名前すら無かった「戦略」こそが、私の会社を成長させ、今日の成功へと導いてくれたのです。本書は、その戦略（受注プロセス戦略）を体系化し、具体的な方法論としてみなさまにお伝えするために書かれました。

本書の目的は、読者のみなさまが自社の製品やサービスを最小限のリソースで展開し、新規の「お問い合わせ」を創り出し、最終的には「受注を生む商談」を構築する方法を学ぶことにあります。これこそが、事業の業績に直結する営業およびマーケティングの基本であり、本書はその実現を支援するための経営層に向けた「手引書」として位置づけられています。


しかしながら、本書は単なる手順書ではありません。この「手引書」は、「この本を読んでテクニックをそのままコピーしよう」とだけ考える方には、まったくもって向いていないのです。

なぜなら、本書の狙いは、読者のみなさまに「自社にこの戦略を反映するためには何が必要か？どうすれば良いのか？」と立ち返っていただくことにあるからです。つまり、本書を手に取ったみなさまが、自らのビジネス環境に合わせた最適なアプローチを考えるきっかけとなることを意図しています。

特筆すべきは、弊社が実際に実行した「受注プロセス戦略」が、一般的なマーケティング論や指南書とは一線を画している点です。弊社の戦略は、特異な「視座」、「視野」、そして「視点」に基づいており、他社の戦略や、伝統的なマーケティングとは全く異なるアプローチを採っています。

たとえば、前書きでも書きましたが、弊社ではSEO対策を行わず、そのための労力を使わずに事業を推進してきました。これを聞いた多くの方は驚かれるかもしれませんが、それにもかかわらず、弊社のサイトは検索市場においてシッカリと地位を築いています。

なぜなら、弊社が重視しているのは「手段」ではなく、「あるべき思想と視座の構築」にあるからです。具体的には、弊社の場合は、通常のSEO対策に頼らず、別のアプローチによって事業を展開することで、記事の投下や人的リソースを消費せずに、圧倒的な存在感を示すことに成功したのです。

さらに、次のような事例もご紹介しましょう。弊社はリード数の最大化を追求せず、SEO対策も行いません。SNSも積極的に活用せず、広告費はほとんどかけず、自社の事業分析も最小限に抑えています。また、人の採用を行わず、世の中で目立つことを避け、数字の量で訴求をする事も評価しない。さらに、達成していないこと（目標など）は公言すらしません。これらは、一見すると企業経営として「あり得ないことだらけ」と思われるかもしれません。

しかし、まさにこの逆論的なマーケティング戦略（受注プロセス戦略）こそが、現在の弊社の成功を支える柱となっているのです。

どんな企業でも、「受注プロセス戦略」はつくれる

ビジネスの現場において、「受注プロセス戦略」を構築することは、特にこれまでマーケティングに積極的ではなかった企業にとって、大きな挑戦に思えるかもしれません。特に、「今さらマーケティングの基礎から学び直すのは難しい」とか「いやいや、マーケティングの基礎もわからないのにできる訳がない」と、感じる経営者も多いことでしょう。

しかし、どうかご安心ください。どのような企業でも、適切な手法を理解し、実行に移すことで、確かな成果を生み出す「受注プロセス戦略」を構築することは十分に可能です。

多くの方が「マーケティング」という言葉を聞くと、それが非常に専門的で高度な技術

を必要とするものだと考えがちです。しかし、実際には「商売の在り方」をお客様目線で表現するだけであり、その基本的な考え方や方法論は意外にもシンプルです。これまでの営業経験やビジネスの基本を、真の「お客様目線」の文脈で捉え直すことができれば、効果的な戦略を立てることは決して難しいことではありません。

たとえば、これまで営業担当者が「勘・経験・引き出し」として整理していた要素を具体的に言語化し、それをシステム化、仕組み化して戦略的に活用することで、我々は、リード（資料請求などの引き合い）の獲得から商談化、そして最終的な受注に至るプロセスを、最小限のリソースでスムーズに運営できるようになります。

これこそが、現代のBtoBマーケティングにおいて、本来必要とされるアプローチです。

ここで重要なのは、「貴社の身の丈に合った最適なやり方」を理解し、それを実行することです。ただし、そのやり方は世の中に溢れるマーケティング研修や書籍、教材で語られているとは限りません。そこには一般的な理論は存在しても、「貴社にとっての最適解」は往々にして見つからないからです。そのため、学んだ知識をそのまま適用するだけでは、戦略的な「受注プロセス」を構築することは難しいでしょう。

多くの企業がBtoBマーケティング戦略に失敗する原因は、日本でベストセラーになった書籍「THE MODEL」に代表されるような、表面的な「正しいしくみの構築」ばかりに注力する一方で、肝心な「裏側の仕組み」、つまりその企業独自の営業プロセスをしっかりと構築し、その創ったしくみに適合させていないことにあります。

はっきり申し上げると、それは「骨格は、確かに正しいが、血が通っていない状態」と言えます。

成功するためには、まず「自社にとって最適なスタイル」を明確にし、それに基づいて「売上に寄与するため」の「貴社だけの受注プロセス」を設計する必要があります。重要なのは、貴社のビジネスモデルに既に存在している「勝ちパターン」を最大限に活用することです。

実際、私が関わった多くの企業は、マーケティングの知識がほとんどなく、営業経験に依存していましたが、それでも正しい戦略を理解し、実践することで、売上に貢献するプロセスを構築することができました。

このように、「受注プロセス戦略」は特別な技術や知識がなくても、しっかりと構築することが可能です。大切なのは、貴社が持つ強みや経験を最大限に活かし、それを「あるべき文脈」で表現することです。どんな企業でも、その企業に最適な「受注プロセス戦略」

を構築し、競争力を高めることができるのです。

本書が、貴社が目指すビジネスの未来を実現するための一助となることを願っています。

第1章

株式会社 Marketer's Brainの成り立ちとポジション

さて、それではいよいよ、まずは弊社の歴史を紐解きながら、その「逆論のマーケティング」の中身・神髄に迫っていくこととといたしましょう。

株式会社 Marketer's Brain がどのようにして設立され、どのようにして現在のポジションを築いてきたのか、その背景にはどのような考え方や戦略があるのかを、具体的な事例を交えながら明らかにしていきます。

B to B ビジネスの世界では、どんなに理屈や美辞麗句を並べ立てたとしても、最終的には実際の事例や成果が物を言います。マーケティング戦略や経営手法についての数多の理論が存在しますが、それらは理想論で終わってしまうことが多く、現実のビジネスの場でどれだけ実効性があるかが常に問われます。

言葉や理論をどんなに飾ったとしても、どんなに優れた戦略でも、その実効性を十分に伝えることはできません。実践に基づいた成功例があって初めて、その戦略は「本物である」と評価されるのです。

ですから、はじめに、現在の弊社、株式会社 Marketer's Brain が「どのような会社であり、何を成し遂げているのか」について、具体的な事例を交えながらお伝えすることにします。

まず、弊社の公式サイト（https://marketersbrain.co.jp/）に掲載されているコンサルティングの支援実績（企業名の実例記事になったもの）をご紹介します。

２０２４年9月現在での株式会社 Marketer's Brain のコンサルティング支援実績を抜粋すると、以下の通りとなっており、その数は公開実例のみで20社に達していることがご確認いただけるかと思います。

・ＤＩＣ（旧 大日本インキ化学工業）株式会社
・Matchaeologist Japan 株式会社
・アドバンスト・ビジネス・ダイレクションズ株式会社
・ホテルセイリュウ（株式会社石切ゆめ倶楽部）
・株式会社オージス総研
・株式会社クラレ
・クラレプラスチックス株式会社
・株式会社セブン銀行
・株式会社センチュリー21・ジャパン
・株式会社パソナＪＯＢ ＨＵＢ

・株式会社プラナ・コーポレーション東京
・株式会社メディカ出版
・住友化学株式会社
・株式会社夢真ホールディングス
・富国生命保険相互会社
・東邦ガス株式会社
・株式会社神奈川新聞社
・積水ホームテクノ株式会社
・綾羽株式会社
・華日国際マーケティング株式会社

有名企業や東証プライム上場企業を含むこれらの企業ロゴ（および成功事例）が並ぶ、コンサルティング支援実績リストとなっているのが、ご理解頂けるかと存じます（ちなみに、これは全体の半分ほど、公開許諾を頂いた企業様のみです）。

さて、これらの実績、実は、創業6年目である個人（ひとり）経営の会社が叩き出している、と聞いたら、あなたはどう思うでしょうか。

意味の分からない「異常値」のように思われるのではないでしょうか。

実は、弊社、株式会社 Marketer's Brain は、単なる一人企業にとどまらず、これまでのマーケティングの常識を覆し、新たなビジネスモデルの可能性を示す存在として実績を積み上げ続けてきました。そして、弊社は、過去も現在も、自社の社員やスタッフが存在したことは一切ありません。

この点がまず特筆すべき点であり、多くの方に驚きをもたれるポイントです。

企業の成長や成功には多くの人材や資源が必要だと考えられがちな現代において、弊社はその常識を覆す存在として注目されています。

外部スタッフやプロフェッショナルとの連携はあるものの、基本的なリソースは常に「1人＝社長・代表の私のみ」という形で稼働している個人のコンサルティング企業でありながら、実績は、まるで社員100人規模を抱えるような企業の「それ」と遜色が無いのです。

ビジネスのスケールメリットを追求する時代にあって、弊社がどのような形態で成功を収めているのか、多くの方が不思議に思われるかもしれません。しかし、その答えは極めてシンプルです。

「マーケティング戦略」がすべてを決定づけているに過ぎないのです。

通常、多くの企業が成長を求めて人材を増やし、設備投資を行い、マーケティング活動に多額の予算を投じます。

しかし、弊社自身はこれらの一般的な成功要因をほとんど取り入れていません。むしろ、無駄な要素を極限まで排除し、必要なものだけに集中することで、他にはない成果を生み出すことに成功してきました。

わずか創業から5年余りですが、少し創業からの歴史を数字で振り返ってみましょう。

創業一年目、ヒト・モノ・カネはもちろんのこと、過去に在籍した会社からの紹介や顧客リストといった直接的な営業基盤を持たない「ゼロ」からのスタートながら、弊社の年商は3，000万円台を達成しました。

これは一見して順調なスタートに見えるかもしれませんが、単なる幸運ではなく、（もちろん、幸運もありこそすれ）明確な「戦略」に基づく結果だったと思います。

創業当初から、私自身が積み上げてきた知識と経験、そして市場の動向を的確に捉えるための徹底した分析によって、弊社は常に「自社にとって、最も効果的なアプローチ」を選択してきました。

みなさまからすると、この時点で非常に大きな成果に映るかもしれませんが、これらはすべて「戦略」によってもたらされていました。

もちろん、当時の私にとっても決して楽だった訳では無く、起業そのものから大きな挑戦でしたが、お陰様で、それ以降も成長は目覚ましく、1年後には子会社（こちらもひとり経営の個人企業）を設立するまでに至りました。

子会社の設立は、単なるビジネス拡大の一環ではなく、新たな戦略的展開を図るための重要なステップでした。この子会社を通じて、弊社のビジネスモデルの有効性をさらに拡張し、より多くのクライアントに対して高付加価値のサービスを提供することが可能となりました。

その結果、年商は一時7，000万円台に突入するまでに成長を遂げました。

しかし、この成長過程で、私自身が「働きすぎ」だと感じる瞬間がありました。

多忙を極める中で、ビジネスの拡大が必ずしも幸せなものではないことに気づかされた「ひとり企業」の弊社は、ペースを適切に調整することを決断しました（こういった柔軟な判断がしやすい事もまた、私にとっては大きなメリットでした）。

この決断は、単に業務量を減らすという意味ではなく、ビジネスの方向性を見直し、より持続可能でバランスの取れた経営モデルを構築するためのものでした。結果として、現在では親子会社の総計で年商５，０００万円前後を安定的に維持し、経営は完全に安定軌道に乗っています。

この安定は、一見すると奇跡的な成果のように思えるかもしれませんが、実際には非常に計画的であり、明確な戦略に基づいています。

短期的な利益にとらわれることなく、長期的な視野を持ってビジネスを構築することで、安定した成長を実現したのです。

さらに注目すべきは、私の人時生産性に関するデータでしょう。

２０２３年度の実績ベースでは、弊社（子会社を含む私）の人時生産性は４５，０００円に達しています。

この数字は、一般的な企業の基準から見ると「異常値」と言えるかもしれません。

一般的な企業が多くのリソースを投入しても達成し得ないレベルの生産性を、「ひとり企業」が実現しているという事実は、弊社の「戦略」の有効性を如実に示しています。

これこそが「戦略」の力であり、ギャンブル的な手法や運頼みのビジネス展開ではない、着実で計画的な成果を達成した素地です。

経営の安定化と高い生産性の両立は、まさに「戦略」がもたらしたものなのです。

そして、それは自社のみならず、多くのクライアント企業様を通じても、成し遂げられたものなのです。

その証明は、冒頭の通り、弊社の公式Ｗｅｂサイトのトップページをご覧いただければ、数多くの事例や支援実績が掲載されていることで確認頂けるはずです。

もちろん、掲載されているのは、企業ロゴだけではありません。すべてのコンサルティング実績が成し遂げた「実例レポート」とともに掲載されています。

また、これらの「実例レポート」は、単なるマーケティングの研修や講習の成果やスポットでのアドバイスなどの「見栄えを良く見せるための実績」でもありません。

Ｗｅｂサイトを見て頂くと、それぞれが、実際にクライアント企業様が成果を上げた「本物のコンサルティング支援と改善例」であることが、ご確認いただけるはずです。

これらの実績は、弊社の戦略が単なる理論や自社専用ではなく、現実のビジネス環境で実際に機能していることもまた、証明しているということが、ご理解いただけることでしょう。

通常、大手のマーケティング支援企業は、膨大なリソースとチーム体制を駆使してクライアントを支援し、多くの実績を誇ります。

しかし、実際問題として、そのような企業でさえ、Marketer's Brainほどの、業種も、業容も、事業規模すらも横断するような幅広い実績を持つことは稀です。

弊社が支援しているクライアントは、業種や業容、事業規模が多岐にわたります。スタートアップから大企業、B to BとB to Cを問わず、弊社では多様な業界の企業に対して最適なマーケティング戦略を提供し、それぞれのニーズに応じた効果的なサポートを行っています。

また、近年では、M&A事業者やファンドとの連携を強化し、事業再生や成長戦略の策定を実践に移すフェーズにおいても、弊社のメソッドは成果を上げています。

このような領域は、従来のマーケティング支援の枠を超え、より深いビジネス変革への貢献が求められる分野です。クライアント企業様の深部に入り込み、組織の変革や新たな市場開拓を支援することで、従来のコンサルティングの枠を超えた「戦略パートナー」としての役割を果たしているのです。

この広範な業種に対応し、多様なクライアントに対してスピード感のある確かな成果を上げていることが、弊社の強みを物語っています。

Marketer's Brain は、一般的なコンサルティング会社が提供する「伝統的なマーケティングコンサルティング支援」のサービスの枠を超えており、まさに「逆論のマーケティング」がもたらす力を、自社のみならず、クライアント企業様でも証明しているのです。

それは、「どの企業にも当てはまる普遍的な戦略」というよりは、個々のクライアントの課題に合わせて柔軟にカスタマイズされ、実践される「最適解を生み出すため」の戦略です。

この各クライアント企業様に合わせた「最適解」、受注を起点とした「現場主義」こそが、弊社が多くの企業から信頼され、実績を重ねる理由の一つとなっています。

効率化と不要な要素の排除によるビジネス最適化

株式会社 Marketer's Brain が推進する「逆論のマーケティング」とは、従来のマーケティングの常識を再定義し、無駄を排除することで効率を最大化する戦略です。

具体的には、「必要なことに集中する」ことで他社にない成果を生み出すアプローチを指します。この戦略は、一般的に「やるべき」とされる施策をあえて行わず、顧客に本当に必要な価値だけを届けることに特化しています。

たとえば、リード数の追求や派手な広告展開を避け、最小限のコストで最大の効果を狙うなど、独自の選択と集中を徹底することで、その企業にとって「最善」となる、確実な成果を実現しています。

多くの企業は、成長のためにあらゆる手段を試み、場合によっては余計なコストやリソースを投入しがちです。

しかし、弊社は、時として、その真逆を行くアプローチを取り、「必要なこと」だけを行うことで、成果を最大化し、あるいはそれをクライアント企業様に提供しています。

ヒト・モノ・カネを極力使わずに、その企業様にとっての効率の「最適解」を追求することで、あらゆる規模の企業に対して成果を生み出すのです。

この効率化の過程で弊社が採用しているのは、「何をやらないか」を明確にするという戦略です。

多くの企業が「これをやれば成果が出る」と考えて積極的に取り組む要素を、あえて排除することで、選択と集中を実現し、他にはない価値を創出しています。

たとえば、以下に挙げる「やらない十か条」は、弊社が最も重視し、クライアント企業様にも推進している戦略の柱であり、この独自のアプローチが、競争の中で圧倒的な優位性を確保する鍵となっています。

以下に、その10条の提言を確認してみましょう。

第一条、リード数の最大化を追求しない
第二条、SEO対策を行わない
第三条、数字の量で評価しない

第四条、ＳＮＳを積極的に活用しない
第五条、目立つことを避ける
第六条、達成していないことは言わない
第七条、人の採用を行わない
第八条、マーケターが指揮をとらない
第九条、初期は広告費をほとんどかけない
第十条、分析は最小限にとどめる

これらの要素をご覧いただくと、「無い無い尽くし」かつ、「たった1人で稼働している企業」が、なぜ、自社のみならず、クライアント企業様においても、これほどの成果を上げられるのか、その理由が気になるところでしょう。

普通の企業が「必死に取り組んでいること（あるいは、取り組むべきだと考えていること）」をあえて「やらない」にもかかわらず、僭越ながら、弊社は、クライアント企業様とともに、確かな成果を出し続けています。

その秘密は、戦略に対する揺るぎない信念と、効率を徹底的に追求する姿勢にあります。

弊社の「やらない」戦略は、一見すると逆論的で非直感的に映るかもしれませんが、実は、このアプローチが競合との差別化を可能にし、持続的な成長を支える要因となっています。

「何をしないか」を明確にすることで、リソースを本当に重要な部分に集中させ、新たな価値を創造する余地が生まれます。

この戦略は、単なるコストカットにとどまらず、競争優位を生むための戦略的な意思決定です。限られたリソースを最大限に活用し、他にはない成果を実現しているのです。

この考え方こそが、弊社が本書で掲げる「逆論のマーケティング」の根幹を成しています。

多くの企業が従来の手法に固執し、新たな挑戦を避ける中、弊社は既存の常識を疑い、本質に迫るための「最適解」の選択を常に行います。

たとえば、通常のマーケティング活動においては、ＳＮＳでの目立つ広告や派手なキャンペーンが注目を集める手段とされていますが、弊社ではそのような手法を排除し、確実に必要なターゲットへメッセージを届けるための、より静かで戦略的な方法を採用しています。

派手さに頼らない戦略が、むしろ一部のクライアントには強い共感を呼び、競合との余計な競争を避け、継続的なビジネスパートナーシップの形成へと繋がっていくのです。

さらに、弊社が重要視するのは、顧客との長期的な関係構築です。短期的な利益を追求するのではなく、クライアントの持続的な成長を支援するための戦略を策定し、その実行を一緒にサポートすることに焦点を当てています。

これは、単なるコンサルティングサービスの提供を超えた、企業の成長パートナーとしての役割を果たすことを意味します。

各クライアント企業様の課題に深く入り込み、表面的な解決策ではなく、根本的な問題解決に取り組む姿勢が、Marketer's Brainの「受注プロセス戦略コンサルティング」の大きな特長となっています。

また、弊社の「逆論のマーケティング」は、クライアント企業に対しても「何をやらないか」を考えさせるきっかけを与えます。

多くの企業が新しい施策を次々と導入しがちですが、時には「やらない勇気」を持つことが、他社との差別化を図る最大の戦略となり得るのです。

弊社の支援を受けたクライアント企業の中には、従来のマーケティング活動の一部を停止することで、リソースを確保することに成功し、新たな成長の道を見出した事例も少なくありません。

このように、「逆論のマーケティング」は単なる反対論や逆張りではなく、真に必要なことに集中するための道標として機能しています。

次章へむけて

さて、本章では、株式会社 Marketer's Brain が採用してきた「逆論のマーケティング戦略」の概要部分を掘り下げてきました。

具体的には、弊社が行わないと決断したいくつかの要素――リード数の最大化、ＳＥＯ対策、そして数字に囚われた評価――などが、どのようにして弊社の成功を支えているのか、その前段を詳述しました。

これらの「やらない」選択が、なぜ弊社にとって有効であるのかを理解していただけたかと思います。

そこで、次章からは、「戦略がハマる瞬間」として、弊社の戦略がどのようにクライアントのビジネスに効果をもたらし、それを支える哲学や理論についてさらに詳しく見ていきます。

「逆論のマーケティング」が単なる机上の空論ではなく、実際のビジネスでいかにして成果を生み出し、持続可能な成長を支えているのか、そのプロセスを具体的な事例を交えて解説していきます。

本書を通じて、読者の皆様がご自身のビジネスにおいて「何をやるべきか」だけでなく、「何をやらないべきか」を見つけるためのヒントを得ていただければ幸いです。

本章の気づきポイントまとめ

- 先駆者と競争するためには、規模に頼らない戦略が必要。
- 伝統的な手法のみに固執せず、独自の視点と方法で市場に挑むことが重要。
- 「何をしないか」を明確にすることで、「選択と集中」が可能になる。

第2章

その会社は「何をやらなかった」のか

マーケティングの世界では、「何をやるか」が常に問われ続けます。しかし、同時に「何をやらないか」という選択も、成功を左右する重要な要素です。

本章では、弊社＝株式会社Marketer's Brainが実践し、そのコンサルティングメソッド「受注プロセス戦略」でも提唱している「やらない」戦略について掘り下げ、その意図や効果について解説していきます。

これを通じて、読者のみなさまが、自社における最適な選択肢を見つけ出すためのヒントを提供したいと思います。

第一条：「リード数を最大化」しない

株式会社Marketer's Brainの戦略において、他社と一線を画す、最も際立った特徴の一つが「リード（資料請求などの企業からのお問合せ）数を最大化しない」という点にあります。

これは、業界どころか、ビジネスの慣習・常識に反するように見えるかもしれませんが、これこそが当社の成功の礎となっています。

多くの企業が「リード数の最大化」を至上命題とし、資料請求や問い合わせの件数を増やすことに躍起になっていますが、弊社ではそのようなアプローチを一切とっていません。むしろ、クライアント企業様に対しても「資料請求の件数を最大化する」ことを推奨することはなく、その逆を行く姿勢を貫いています。

一般的なビジネス戦略において、「量」はしばしば「質」よりも重視されがちです。特にマーケティング活動においては、多くの企業がKPIとしてリード数の増加を目標に掲げ、やみくもに見込み顧客を増やそうとします。

しかし、リードの数を追求するだけでは、本当に価値ある商談を生み出すことはできません。弊社の経験では、ＢtoＢ事業においては、無数のリードを獲得したとしても、その大半が実際のビジネス成果に結びつかないことが多いのです。

この戦略が本当に意味するところは何か？それは「リードの質」を徹底的に重視するという考え方に他なりません。

弊社では、リードを増やすことよりも、商談に結びつく確度の高いリードを選別し、その質のみを高めることに注力しています。弊社が支援するクライアント企業様の中には、時に数百から数千件の引き合いを獲得することがありますが、私がクライアント企業様と目指すのは、単なる数の追求ではなく、質の高い商談を生み出すことです。

具体的には、たとえばオープンな展示会に出展した際、弊社の支援先では、ＳランクやＡランク（商売になる確率が極めて高い）に分類される商談に結びつくリードを、獲得した名刺を分母とした時に（正直、その枚数も非常に多いものですが）10～20％前後という高い確率で生み出すことを必要最低限の目標としています。

これにより、営業活動における無駄を徹底的に排除し、効果的なリソース配分を実現しているのです。特にＢtoＢビジネスでは、営業のクロージングが単純なリード獲得の結果として完結することは稀です。

重要なのは、商談の質であり、その質を高めることこそが、ビジネスの成功に直結するのです。

一般的に、企業が展示会に出展すれば、名刺を大量に獲得することができますが、これらがすべて価値ある商談に結びつくわけではありません。多くの企業はこの点を見落とし、リードの数にこだわりすぎた結果、やみくもな名刺の交換に注力し、その結果、質の低い商談が増えてしまうのです。マーケティング部門がリード数の最大化に執着する一方で、営業部門がその後処理に苦しむという状況は、しばしば、あらゆる企業で起こりがちです。

しかし、これは非常に非効率なアプローチであり、企業全体のパフォーマンスを低下させる原因となります。

弊社の「受注プロセス戦略」においては、まさにこの「質の重視」が根底にあります。弊社では「１００の引き合いから10の商談を目指すのではなく、10の引き合いから10の受注を実現する」という目標を掲げています。この目標は、自社だけでなく、支援するクライアント企業にも伝え、共有していますし、公式サイトでも事業概要で真っ先に公言しています。

両者が同じ視点を持ち、同じ目標に向かって事業を推進することで、無駄なリソースの浪費を避け、真に価値ある商談を生み出すことが可能になるのです。

この戦略の価値は、単に商談の量を追求することではなく、質の高い商談をいかにして生み出すかにあります。商談の質を高めることで、企業は顧客との信頼関係を深め、より高い成果を達成することができるのです。

また、当然ですが企業内で稼働する営業人員から見ても、「確実の受注の確率が高いアポイントばかり設定できる」という事実の方が有益に決まっています。このアプローチにより、企業の人員は、高いモチベーションを充分に発揮しつつ、ＢtoＢビジネスにおけるマーケティングの成功を確実なものにするのです。

マーケティング理論の多くは、主にそのプレイヤー（マーケター）のためにＫＰＩとしてリード数の最大化を重視しますが、弊社の経験から言えるのは、それだけでは、組織全体から考えれば「不十分」だということです。

むしろ、リードの数にこだわりすぎると、企業組織全体として捉えたときに、営業活動の質が低下し、結果としてビジネス全体のパフォーマンスを悪化させてしまいます。弊社が目指すのは、量ではなく質であり、それが弊社の成功を支える要素です。

さらに、こういった事が整理できていない企業で起こる、営業担当者が直面する最も困難な状況は、「商談の質が低い」というものです。

たとえば、アポイントを取ったはいいが、実際に会う理由が見当たらず、無理に商談を進めなければならない場合や、先方から「で、今日は何のために来たのですか？」と尋ねられ、営業自らが商談の口実を考え出さなければならない場合など、こうした状況は非常にストレスフルです。これでは、本来の目的である「価値ある商談」を生み出すことはできません。

そのため、弊社では自社でも、クライアント企業様に対しても「リード数を最大化しない」戦略を採用し、質の高い商談に集中することで、営業活動の効率化を図っています。

このアプローチにより、営業担当者は無駄なリソース（時間・労力・モチベーション・そして人件費に始まるコスト）を消費することなく、効果的な商談を実現することが可能になります。そして、この考え方こそが、弊社のビジネスを成功に導く原動力となっているのです。

マーケティングに精通した方であれば、「展示会でもSランクやAランクのアポイントが10％以上はまず狙える」という数字を聞いて「信じがたい」と感じるかもしれません。とくに、リードソースが展示会の場合、一般的に「投資対効果が最も出しにくい施策」として広く知られており、多くの担当者がその成果を示すのに苦労しているからです。

しかし、弊社の「受注プロセス戦略」には、明確な目標と哲学があります。それは「１００の引き合いから10の商談を目指すのではなく、10の引き合いから10の受注を実現する」というものです。

この目標は、弊社自身だけでなく、支援するクライアント企業にも伝えているものです。弊社とクライアント企業は、基本的にこの目標を共有し、同じ視点で事業を推進しています。

この戦略の根底にあるのは、「量より質」を重視する姿勢です。リードの数を追い求めるだけでは、本当に価値ある商談を生み出すことはできません。

多くのマーケティング理論では、ＫＰＩとして「リード数の最大化」が重要視されます。しかし、そもそもＢtoＢのビジネスにおいて、営業のクロージングがＷｅｂサイトや展示会、ＤＭなどの「プロモーション施策」だけで完結することは稀です。

最終的に重要なのは、「商談」の場でどれだけ質の高いやり取りができるかという点です。

営業担当者は日々、商談を創出するために奔走しますが、その商談の質は様々です。特に「やりたくない」と感じる状況は次のようなものです。

・会う理由が見当たらないにもかかわらず、無理にアポイントを取らなければならない。
・先方から「で、今日は何のために来たのですか？」と目的が不明確なまま尋ねられる。
・商談の口実を営業自身がひねり出さなければならない。

このような商談において典型的なシナリオは、「資料のダウンロードありがとうございました。ところで、なぜ資料をダウンロードされたのですか？」という初回の電話などに顕著に現れます。

つまるところ、こういった企業では「お客様のニーズや状態」が掴めていないのです。この電話をする企業は、そもそもマーケティング視点の欠如を象徴しています。このような電話は、ほぼ確実に「情報収集のためなので大丈夫です」と最初の応答で終わってしまい、その後は何も進展がなく、商談に至らないことがほとんどです。そんな対応ばかりする必要に迫られる営業人員は、果たして本当に「人時生産性」の高い仕事をしているのでしょうか。

いくら多くのリードを獲得しても、低品質な商談が増えるだけでは意味がありません。マーケティング部門がこのような質の低いリードを追い求める一方で、営業部門がその結果として苦しむ状況は、決して健全なものではありません。

また、リード数の最大化にばかり注力する企業のマーケティング部門は、しばしば「商談前」に大量の情報を提供しすぎます。これにより、顧客は自らの判断で資料を手にし、「わかったつもり」になり、「検討します」と返答することができるようになります。

その煽りは誰が食らうのか？もちろん、その後に続く「営業活動を行う人員」です。せっかく会おうと連絡をしても、今度は「ああ、資料を見たので、今は大丈夫です。社内で検討して、何かあれば、こちらから連絡します」という返答が多発することに悩まされるのです。

これは、顧客が情報を消化しきれていないのに、理解したかのような錯覚を起こすことで起こる問題です。

このような状況において、営業担当者はどのようにして「商談化のためのロジック」を展開するべきなのでしょうか。結局、最初に述べたような「とにかく一度話を聞いてください」という、実に最悪な頼み方しかできなくなってしまいます。

例示するだけでも、このような「非生産的」な背景があるため、商談の席で顧客から「で、今日は何をしに来たんですか?」と問われる事態が生じるのです。挙句の果てには「現場」を知らないマーケティング部門だと、「我々が頑張って引き合いを増やしてこんなに順調なのに、営業部は何をしているんだ」と憤りだす始末です。怒りたいのは、むしろ営業組織の方でしょう。リードの数にこだわらず、質に重きを置くことこそが、真に価値ある商談を生み出すための鍵であるという意味をご理解頂けたでしょうか。

【処方箋】「リード数を最大化」しない

マーケティング活動における人間の意思決定プロセスは、多くの理論で「認知、興味喚起、理解、比較検討、意思決定」というステップを辿るとされています。

これはつまり、まず消費者が商品やサービスの存在を知り、次に興味を持ち、その後に詳細を理解し、他の選択肢と比較した上で最終的に購入や契約を決断する、という流れです。

このプロセスをより具体的に言い換えると、『まずは少し知りたい、次に詳しく知りたい、そして詳細を理解し、最終的に自分にとってどう影響するかを知りたい』という順序になります。

実際、消費者の購買プロセスは、まず商品やサービスに関する基本的な情報に触れることから始まり、次にその情報がどれほど自分にとって有益かを評価し、さらにその情報をもとに具体的な選択肢を検討する段階へと進みます。

このプロセスの途中では、他の競合製品との比較や、口コミや評価を参考にすることも少なくありません。そして最終的に、消費者は自身のニーズや要件に最も適した商品やサービスを選択するために、さらに詳細な情報を収集し、意思決定を行います。

こうした一連のプロセスが段階的に進むことによって、消費者はより確かな判断を下すことができるのです。

この段階的なプロセスの中で、常に中心にあるのは「もっと知りたい」という消費者の欲求です。

この欲求が満たされることで、消費者はさらに次のステップへと進みますが、このプロセスをいかに巧みにコントロールするかが、リードの質、そして最終的には商談の質を大きく左右します。

ここで言う「もっと知りたい」という欲求は、単なる興味関心にとどまらず、消費者が自分にとってのメリットや解決策を見出すための積極的な探求心に他なりません。したがって、マーケティングにおける最大の課題は、この欲求を適切に刺激しつつ、同時にその欲求を過剰に満たしすぎないバランスを取ることにあります。

具体的に言えば、商談に必要な情報を100％とした場合、初めての接触やアポイントメントを得るまでに提供すべき情報量は、企業の戦略や顧客ターゲティングによって異なるものの、一定の「制限」が必要です。

ここで多くの企業が陥る誤りは、見込み客に対して過剰に情報を提供しすぎてしまうことです。たとえば、営業担当者が顧客に対してあらゆる情報を初めから提供してしまうと、顧客はすぐに満足してしまい、次のステップに進む意欲を失ってしまう可能性があります。また、昨今の消費者は賢いですから、それを合い見積もりに出すなど、類似のサービスを探すなんてこともあるでしょう。最悪なのは、競合がそれらのWeb場などでかんたんに入手できる情報を元に「カウンタートーク」を用意してくるパターンです。ここまでいくと、その企業のマーケティング組織は一生懸命「ブランド棄損」をしている状態にすらなりかねません。

このように、情報の過剰提供は、顧客の「もっと知りたい」という欲求を消失させ、結果として商談の場に到達する前に関心が薄れてしまうという逆効果を招くのみならず、貴社とって「見えない場所」で、ありとあらゆる副作用を生じさせているのです。

理想的な状況を考えてみましょう。企業が目指すべき理想的な問い合わせは、単なる情報収集を目的としたものではなく、明確な興味や関心を持った積極的で前向きなものです。たとえば、顧客が『このサービス、なんだかとても良さそうだし、自社の課題解決にぴったりではないかと感じているので、ぜひ詳しい話を聞かせてほしい』といった、具体的なニーズに基づいた問い合わせが理想的です。

このような問い合わせが増えれば増えるほど、企業は顧客との商談において有利な立場を確立でき、より効果的な営業活動を展開することが可能となります。また、このような問い合わせは、顧客がすでに購入意思を固めつつある段階でのアプローチであるため、商談成立の確度が高く、最終的な受注につながりやすいのです。

これは、消費者の「もっと知りたい」という欲求をうまく引き出し、次の段階に進むためのきっかけを提供できた結果です。しかし、これを実現するためには、単に大量の情報をばら撒くのではなく、情報の提供先を精査し、適切なタイミングで適切な質と量の情報を提供する「戦略的なアプローチ」が必要です。

たとえば、見込み客に最も関心を引くような情報を少しだけ提供し、彼らが次のステップに進む動機を持つように誘導することが重要です。

さらに、情報の提供対象を慎重に選び、自社の商談が最も有利に展開されるようにコミュニケーション戦略を設計することが不可欠です。

ここでのポイントは、見込み客が「お腹が空いている」状態、つまり、商品やサービスに対して強い関心を抱いている状態にあるかどうかを見極めることです。たとえ優れた情報を提供したとしても、見込み客がまだその情報に対して「飢えて」いない場合、商談には結びつかないことでしょう。

これを避けるためには、リードの質を重視し、見込み客が商談に進む準備が整っている段階で初めて、重要な情報を提供するというアプローチが求められます。

このようなアプローチを設計・実践することで、営業部門は膨大なリードに対応するために疲弊することなく、限られたリソースを効率的に活用できます。

「リードの数を増やすこと自体」が目的ではなく、「質の高い商談を増やし、それを確実に受注に結びつけること」が、持続可能な営業活動の本質です。

リード数を最大化するという従来のアプローチは、商談の質を犠牲にすることが多く、最終的には企業のリソースを浪費する結果に繋がりがちだからです。

また、リード数を最大化するのではなく、商談の質と成功率を最大化するためには、企業ごとに独自の「キラートーク」や「勝ちパターン」を確認したうえで、それらをベースに「しくみ」を構築・あるいは言語化・可視化することが重要です。

これらは、他社の戦略をそのまま模倣するだけでは、決して達成できません。各企業が自社の強みや独自の価値提案に基づいて自ら作り上げ、磨き上げる必要があります。そうすることで、リードの数ではなく、その質を高め、商談を確実に成功させることが可能になるのです。

さらに、企業が目指すべき未来像についても考えていただきたいと思います。たとえば、「100の引き合いから10の商談を目指す世界」と、「10の引き合いから10の受注を取れる世界」、どちらがより理想的でしょうか?

多くの企業がリードの数に重きを置きがちですが、その結果、商談が多く生まれたとしても、それらが質の低いものであれば、企業の貴重なリソースを無駄にしてしまう可能性があります。むしろ、少数精鋭のリードを徹底的に育成し、商談の質を最大限に高める方が、はるかに効率的であり、結果として企業の成長を持続させることができるのです。そして、それらが十分「これ以上は増やせないだろう」となったとき、はじめて「では、数のアプローチを始めましょう」と、さらなる拡張へと、舵を切ればいいだけの話なのです。

現代のビジネス環境においては、単にリードを追い求めるだけでは十分ではありません。むしろ、リードの質を高め、商談の成功率を最大化するための戦略的なアプローチが求められます。この視点に立つと、「とりあえず、リード数を最大化する」という従来の考え方は、過去のものとなりつつあることに気づかされます。現代の競争が激化する市場においては、リードの数ではなく、その質こそが成功の鍵となるのです。

繰り返しますが、貴社に「数を追う」という局面が必要な場合、それは「既存の手法は、もうやり切った」にのみ与えられる状況であり、そうであるなら「数」へのモチベーションは高く持たれるべきでしょう。だからこそ、私は最初にお伺いするのです。

「貴社の社員・スタッフは、貴社の製品・サービスが何故売れているのかを説明できますか？」と。

この質問に関する詳細なお話しは、追って致しますが、根本的な考え方を見直さない限り、「人材難」とも言われる現代社会において、マーケティング活動の限界を超えることは難しいでしょう。

貴社が目指すべきは、リードの量を追い求めるのではなく、いかに質の高い商談を生み出し、それを確実に受注へと繋げるかです。これこそが、現代のマーケティングにおける成功の鍵であり、貴社の成長を支える最も重要な要素であると確信しています。

そして、それを「どんな企業でも実現できる構築のメソッド」として見事に体現したのが「受注プロセス戦略」なのです。

第二条：SEO対策はしない

株式会社Marketer's Brainでは、毎月「経営者への提言」というコラムを発信しています。このコラムの目的は極めて明確で、主に二つの目標に絞り込まれています。

一つ目は、「経営層に対して新たな気づきを与えること」です。ビジネスの世界では、経営者たちは日々様々な情報に触れ、その中から自社にとって有益なものを見極めていかなければなりません。こうした状況下で、私のコラムは単なる情報の一つとして扱われるのではなく、経営者のみなさまにとっての新たなインスピレーションや洞察を提供するものとなることを目指しています。私は、経営者が直面する課題や問題に対して、既存の枠組みを超えた視点や解決策を提案し、彼らの思考を深めることに貢献したいと考えています。

二つ目の目標は、「(代表の私こと) デ・スーザという人間の「人となり」を理解してもらうこと」です。

経営者のみなさまにとって、情報の発信者がどのような人物であるかを知ることは、その情報の信頼性を評価する上で非常に重要です。私は、コラムを通じて私自身の価値観や考え方、さらにはビジネスに対する姿勢を伝えることで、読者である経営者のみなさまたちに弊社の信頼性を感じてもらえるよう努めています。

コラムの内容は、単なる事実の羅列や一般的なアドバイスにとどまらず、私自身の経験や信念に基づいたメッセージを含んでいます。これにより、経営者のみなさまたちは弊社の考えに共感し、弊社とビジネスパートナーとしての信頼関係を築くことができるのです。


このコラムは、ただ情報を提供するだけではなく、経営者のみなさまにとっての「思考の材料」となり得る内容を意図的に選び抜いています。そのため、SEO（検索エンジン最適化）による集客やトラフィックの増加を目的としたものではありません。

そもそも弊社では、SEOに依存することなく、純粋に価値ある情報提供を通じて、読者との信頼を築くことを重視しています。現代のデジタルマーケティングにおいて、SEO対策はしばしば重要な役割を果たしますが、弊社はそのトラフィック指向のアプローチとは一線を画し、真に意味のある情報提供にフォーカスしています。

にもかかわらず、毎月多くのユーザーが弊社のWebサイトを訪れ、弊社の実績やコラムを確認しているのです。この現象は、一見すると不思議に思えるかもしれません。通常、SEO対策を行わずに多くのアクセスを集めることは難しいと考えられがちですが、弊社はＳＥＯに頼らないにもかかわらず、確かな結果を得ています。

では、なぜこのような状況が起こっているのでしょうか？

その答えは、弊社のアプローチが一般的なＳＥＯ対策とは異なる、「戦略的で独自の視点」に基づいて形成されていることにあります。

そもそもですが、実は、「ＳＥＯ対策」や「ＳＥＯを活用した集客」という手法は、特にＢ to Ｂ事業においては、一部の業種を除き、効果的に機能させること自体が難しいことはご存じでしょうか？

これには明確な理由があります。Ｂ to Ｂ事業の特性上、弊社のようなサービスを提供する企業がどれほど魅力的な情報を発信していたとしても、「サービスを探す側」の視点に立った場合、その情報が単純な検索によって発見されることは稀です。

検索エンジンは一般的に、消費者向けのキーワードを優先的に表示しますが、Ｂ to Ｂの分野では、そのようなキーワード検索によって実際にビジネスの意思決定に結びつくことは非常に少ないのです。

さらに、たとえ検索によって弊社の情報が見つかったとしても、その情報が企業の社内で稟議を通過するための決定的な要因になることはほとんどありません。Ｂ to Ｂビジネスにおける意思決定プロセスは、複数のステークホルダーによる検討や合意を必要とし、単なるウェブ検索で得られた情報だけでは不十分です。特に大企業や官公庁のような組織では、稟議書を通すためには詳細な検討材料やリスク分析が求められ、これがないと意思決定が進まないのが現実です。

このように考えると、SEOを通じて偶然たどり着いた情報だけを根拠にして、企業が重大なビジネス判断を下すことは非常に稀なケースです。なぜなら、SEOによって得られる情報は、しばしば広く一般的な内容に留まり、特定のビジネスシーンや個別の企業が抱える固有の課題、具体的なニーズに対して十分に対応するものではないことが多いためです。

さらに、SEO対策により検索結果の上位に表示される情報は、多くの場合、マーケティングを目的としたコンテンツであり、その情報が必ずしも最も正確で信頼できるものであるとは限りません。特に「商談を要することが前提」のBtoB商材は「Web」の表記に、一切の誇張・誤解があってはならない」はずなのです。見込み顧客になる企業が直面する課題は複雑で多岐にわたることが多く、表面的な情報だけでは的確な意思決定を行うには不十分であり、むしろ誤った方向に導くリスクさえあるのです。

このため、SEO対策の推進を過度に推し進めることは、特にBtoB事業においては、慎重に避けるべきアプローチであると言えるでしょう。

そのため、SEOに過度に依存することは、特に複雑かつ高度な意思決定が求められるBtoB事業において、必ずしも効果的な戦略とは言えません。弊社では、そこにリソースを割くよりも優先的に、アライアンスパートナーやクライアント企業様との間に強固で信頼に満ちた関係を構築することに全力を注いでいます。この信頼関係から生まれる新たなビジネスこそが、他社とは一線を画し、弊社が独自の競争優位性を築き上げている最大の理由です。

信頼は一朝一夕で築けるものではなく、時間をかけた誠実なコミュニケーションと、持続的な価値提供の積み重ねが必要です。弊社は、このプロセスを通じて、単なる取引先を超えた、真に意味のある長期的なビジネスパートナーシップを確立することを目指しています。

この点を理解するために、たとえばあなたが企業の購買担当者であり、日常的に様々なサービスや製品の導入を検討していると想像してみてください。

通常、購買担当者が新しいサービスの導入を決定するプロセスは非常に慎重であり、複雑です。そのプロセスの中で、「検索して見つけてきました！」という単純な理由だけで

ＢtoＢのサービスを選定し、導入を決定することがあり得るでしょうか？

一部のパッケージ型に提供されるＩＴサービスなどを除き、ほとんどの企業の場合、そうした判断は不可能であり、リスクが高すぎます。

実際問題、世の中で、ＳＥＯ対策で成功しているとされる有名なＢtoＢ企業の多くは、実は、ＩＴ系や、Ｗｅｂ上で完結するサービスなどを行っている事業者が多く、そのほかのニッチなＢtoＢビジネスを展開する企業、たとえば日用品に使われる素材や、スマホの中に入っている小さな部品の添加剤など「それは何処で検索の需要が発生するのか？」というような商材には当てはまらないケースが多いのです。

なぜなら、そういった企業の商材に対する意思決定には、単なる検索結果だけではなく、複数の重要な要素が複雑に絡み合っているからです。

特に、大企業や官公庁といった大規模な組織においては、その意思決定プロセスは一層慎重で複雑です。こうした組織では、何か一つの新しいサービスや製品を導入する際には、多くの関係者が関与し、その影響範囲やリスクを慎重に検討する必要があります。

まず、稟議書の作成が必要となりますが、その中には対象となるサービスの詳細な評価、コストと利益のバランス、他の類似サービスとの比較、導入後のリスク分析など、数多くの検討材料が含まれます。

さらに、組織内の複数の部門や階層からの承認を得るためには、これらの検討材料がしっかりとした根拠を持ち、説得力があるものでなければなりません。

また、大企業や官公庁では、単なる検索結果に基づいて重要なビジネス判断を下すことはほとんどありません。なぜなら、そのような軽率な判断が大きなリスクを伴う可能性があるからです。

たとえば、もし導入したサービスが期待外れであった場合、その責任を問われるのは導入を決定した担当者だけでなく、組織全体に広がる可能性があります。そのため、意思決定には非常に多くの時間とリソースが投入され、リスクを最小限に抑えるための慎重なプロセスが求められるのです。

このような状況下で、たまたまＳＥＯによって上位に表示された情報と、その先の簡便な情報だけを基に、重要な決定が行われることは非常に稀だというのは、自然な結論ではないでしょうか。

さらに、ＳＥＯ対策でよく採用される手法に、『～とは?』といった言葉に代表される、一般的な検索キーワードでの上位表示を狙うものがあります。この手法は、特定のキーワードを対象にウェブサイトを最適化し、検索結果で上位に表示されることを目指します。

しかし、先にお伝えした通り、特に素材系やニッチにおけるＢ toＢ分野では、この施策展開は必ずしも効果的ではありません。

なぜなら、こうした一般的なキーワードを使うユーザーは、多くの場合、分野に詳しくない初心者や学生であり、実際の購買決定者は異なるルートで情報を収集することが多いためです。


弊社が支援した事例から、ひとつ解説をさせて頂きます。たとえば、ゴム代替の汎用樹脂である『エラストマー』は専門的な用語に見えます。ここで、そのシェアの拡大を狙う事業社が『エラストマー』に焦点を当ててSEO対策を行った場合、どのような結果が得られるでしょうか。

あるWebの検索量が推計できるツールを使用して『エラストマー』の月間googleの検索量を推定すると、その検索量は約2万件弱と大きな市場に見えます。しかし、詳細を見ると『エラストマー　まな板』が約3分の1を占め、他にも『エラストマー　ワーム』など無関係な検索が多数あります。

こうした中で、貴社がリソースを投じてこの語句を『確保』する場合、果たしてどれだけの投資対効果が得られるでしょうか。

すべてのマーケティング施策は、検討段階では常に『やる価値がある』と判断されがちです。しかし、問題はその『投資対効果』が適切かどうか、そして不要な反響を招かないかという点です。

たとえば、化学業界では、商談を目指した施策が、大学の研究や一般的な問い合わせに終わり、結果的に実利に結びつかないことが少なくありません。貴社が目指すのは、『100件の問い合わせから10件の商談』なのか、『10件の問い合わせで10件の受注』なのかを見極めることが重要です。

さらに、一般的なキーワードの検索ボリュームが低い場合も問題です。BtoBビジネスでは、非常に専門的な用語やニッチなキーワードが使用されることが多く、実は、せっかくそれらの語句で1位を獲得したとしても、それらが月間で数件しか検索されないことも珍しくありません。

たとえば、特定の業界に特化したソリューションや特殊な技術に関する情報は、一般にはほとんど検索されません。そのため、SEO対策に多くのリソースを投入しても、得られる成果が限られ、時間やコストに見合ったリターンが得られない場合が多いのです。

『木を見て森を見ず』という格言がありますが、これはまさに、SEO対策に過度に依存する企業が陥りやすい罠を象徴しています。

ＳＥＯ対策はデジタルマーケティングにおいて重要な役割を果たしますが、それが全てではなく、ましてや唯一の手法ではありません。特に、ＢtoＢビジネスの分野では、ＳＥＯ対策に過度に依存すると、本来注力すべき重要な要素を見逃してしまうリスクがあります。

たとえば、ＳＥＯ対策に集中するあまり、顧客との直接的なコミュニケーションが疎かになり、結果的に信頼関係の構築ができずにビジネスチャンスを失う可能性があります。

ＢtoＢビジネスの世界では、顧客との信頼関係を築くことが何よりも重要です。信頼関係は、一度構築されると長期的なビジネスパートナーシップに繋がり、その後の商談や契約がスムーズに進む基盤となります。

ＳＥＯ対策が短期的な集客に貢献する一方で、長期的な信頼構築には必ずしも効果的ではないという現実を理解することが重要です。顧客が求めているのは、単なる情報提供ではなく、彼らが直面している課題を解決し、ビジネスに実質的な価値をもたらすソリューションです。

そのためには、ＳＥＯに依存せず、むしろ顧客との直接的な対話や、彼らに対する深い理解に基づいた戦略的なアプローチが求められるのです。

最終的に、企業が本当にやるべきことは、ＳＥＯに過度に頼るのではなく、顧客にとっての真の価値を提供することです。

ＳＥＯはデジタルマーケティング施策の一環として重要であることは否定しませんが、それに過度に依存することで、企業は本来目指すべき方向を見失ってしまう可能性があります。ＢtoＢビジネスにおいては、ＳＥＯ以上に重要な要素が数多く存在し、それらを見極めて適切な戦略を構築することが成功の鍵となるのです。

「そんな事言われても、もうやり切っているのでは？」

そう思った読者の方がいらっしゃったら、胸に手を当てて聞いてください。

「え、貴社ってそんなサービスも提供されていたんですか？知らなかったなあ。なんだ、もし知っていたらお願いしていたのに…」

もし、このような事をお客様から言われたことがあるのなら、それは立派な「機会損失」です。そういった穴をまずはすべて埋めていくだけでも、貴社の施策展開が大きく変わっていく事を、感覚的でもご理解頂けるでしょうか。

そのうえで、ＳＥＯについて考察するのであれば「より、高みに視座を上げて、より広い視野で戦略を見直す」ことが求められる局面もあることでしょう。


まあ、百聞は一見にしかず…と言う事で、まず、弊社を具体例として「受注プロセス戦略」というキーワードで、検索してみてください。

おそらく、検索結果には弊社や拙著、そしてそれに関連する情報が数多く表示されることでしょう。そして、その一方、他社サービスの表示はほとんど見られないのではないでしょうか。

※左のスマートフォン画面のキャプチャは、出版から2年以上が経過した２０２４年9月のタイミングで『受注プロセス戦略』とＧｏｏｇｌｅ検索を行った結果。
見事に同著と株式会社Marketer's Brainの展開の公式サイト以外が表示されておらず、検索結果を独占しているのが見て取れる。

「競争で勝つ」のではなく、「そもそも競争する必要が無い」という戦略思想を体現・証明している状態。

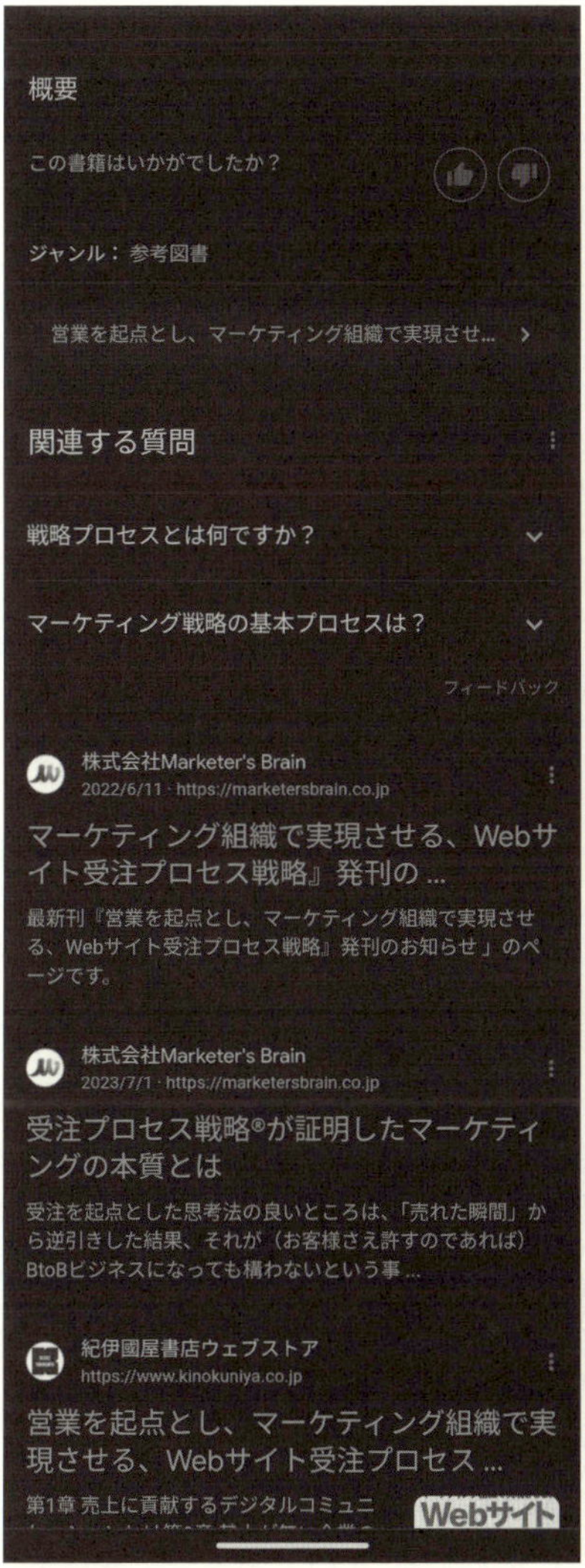
概要
この書籍はいかがでしたか？
ジャンル：参考図書
営業を起点とし、マーケティング組織で実現させ…
関連する質問
戦略プロセスとは何ですか？
マーケティング戦略の基本プロセスは？
フィードバック
株式会社Marketer's Brain
2022/6/11 · https://marketersbrain.co.jp
マーケティング組織で実現させる、Webサイト受注プロセス戦略』発刊の ...
最新刊『営業を起点とし、マーケティング組織で実現させる、Webサイト受注プロセス戦略』発刊のお知らせ」のページです。
株式会社Marketer's Brain
2023/7/1 · https://marketersbrain.co.jp
受注プロセス戦略®が証明したマーケティングの本質とは
受注を起点とした思考法の良いところは、「売れた瞬間」から逆引きした結果、それが（お客様さえ許すのであれば）BtoBビジネスになっても構わないという事 ...
紀伊國屋書店ウェブストア
https://www.kinokuniya.co.jp
営業を起点とし、マーケティング組織で実現させる、Webサイト受注プロセス ...
第1章 売上に貢献するデジタルコミュニ

google.com/search?q=受
Google
受注プロセス戦略
すべて　画像　ショッピング　ニュース　動画　書籍
Amazon.jp
https://www.amazon.co.jp
営業を起点とし、マーケティング組織で実現させる、Webサイト受注プロセス ...
Amazonでデ・スーザ リッキー, 発行:エベレスト出版 発売:星雲社の営業を起点とし、マーケティング組織で実現させる、Webサイト受注プロセス戦略。
4.4 ★★★★★ (15) · ¥3,080
Webサイト受注プロセス戦略
ebpc.jp
https://ebpc.jp
マーケティング組織で実現させる、Webサイト受注プロセス戦略
営業を起点とし、マーケティング組織で実現させる、Webサイト受注プロセス戦略 ～ビジネスの本丸といえる「Webサイト」を活用し、売上に寄与する『受注プロセス』の ...
¥3,080
営業を起点とし、マーケティング組織で実現させる、Webサイト受注プロセス戦略
デ・スーザリッキーによる本
評価: 4.4/5 · amazon.co.jp ›
多くの企業で「分かっていそうで分かっていない」、DX活用の本当の事業戦略について、その核心となる「ウェブサイトからの引き合いを本当に商談にして売上に変えていく」実務戦略につい ... Google Books
初版発行
2022年7月
著者
デ・スーザリッキー

さて、これは、弊社が単に「SEO対策を行わない」という消極的な選択をしているわけではなく、戦略的にターゲットとなるキーワードやテーマを絞り込み、それらを囲い込むように情報を発信したことによって勝ち得た結果（成果）です。

このように、弊社は、一般的なSEO対策に頼ることなく、最低限の作法だけで、「私の名前」、あるいは「弊社のサービス名」を認知したユーザーから、引き合いを戦略的に囲い込む「商流」を形成しています。この結果は、従来のSEOアプローチとは一線を画し、より深い戦略的な意図に基づいています。

次に、この結果がどのような設計から生み出されたのか、その詳細を紐解いていきましょう。弊社が実践している「やらない」戦略の背景には、明確な意図と深い考察が存在しています。SEO対策に頼らずとも、弊社が顧客からの信頼を獲得し、ビジネスを成功に導いている理由を探っていきたいと思います。

【処方箋】SEO対策はしない

まず、SEO対策がなぜ必要とされるのか、その根本的な理由について改めて考え直してみましょう。

多くの企業がＳＥＯ対策を導入する理由は単純明快です。それは「競争に勝つため」です。具体的には、企業は検索エンジン上での露出を増やし、自社のサービスや製品を他社よりも目立たせることで、見込み客の関心を引き、最終的には売上を伸ばすことを目指しています。

しかし、この競争を前提とした思考そのものが、私の戦略においては「見直されるべきもの」だと考えています。

ＳＥＯ対策をひとことでまとめてしまうと、本質的に「同じキーワードやトピックで他社と競り合い、いかにして自社のコンテンツを検索結果の上位に表示させるか」に重点を置くものです。

企業が多額の資金と時間を投じてＳＥＯ対策を行う理由は、検索エンジンのアルゴリズムに最適化されたコンテンツを作成し、競合他社よりも上位に表示されることが、ビジネスの成功に直結すると「信じているから」です。これにより、競合が多い市場であっても、自社が優位に立つことができると考えられています。

しかし、お伺いしたいのですが、「なぜ、そこで競争しないといけない」のでしょうか？

先のような「王道」の戦略は、あくまで「競争を前提としたもの」であり、非常に多くの企業が同じ土俵で戦うことを余儀なくされています。

まあ、一般的な、王道な訳ですから、それも当然だとは思いますが、競争が激化する市場では、キーワードの選定からコンテンツの作成まで、すべてが他社と似通ってしまいがちであり、結果として、差別化は難しくなります。

さらに、競争が激化するほど、SEO対策に必要なコストやリソースが増大し、収益性が低下するリスクも伴います。言い換えれば、企業は競争に勝つために、ますます多くのリソースを投入せざるを得なくなり、止まることはおろか、減速することすらできなくなります。その結果、競争そのものが「目的化」してしまうのです。

しかし、弊社の戦略は「そもそも競争しない」ことを目指すという点で、大きく異なります。

弊社では、競争が激しい市場に足を踏み入れる前に、「いかにしてその競争を避ける」のか、そして競争を避けるだけでなく、自社の独自性を強調し、いかに最小のリソースで独自のポジションを確立するかに注力しています。

これは、単に他社と差別化するという意味ではなく、そもそも他社が参入していない、あるいは競争が存在しない市場を開拓するというアプローチです。

この考え方は、ビジネスの基本戦略として非常に重要であり、弊社が創業時より（自社で体現している通り）一貫して採用しているものです。

たとえば、弊社が展開している「受注プロセス戦略」という言葉自体が、自身が開発したオリジナルのメソッドであり、他社にはない独自の価値を持っています。

このメソッドやワードは、単なるマーケティングのテクニックや手法ではなく、弊社のビジネス哲学そのものを表しています。

さらに、この独自性を証明するために、商標登録を行っています。この商標登録は、弊社が提供する価値が他社の模倣を許さないものであり、同時に市場における弊社の地位を強化するための手段でもあります。

事実、2021年当時、Ｇｏｏｇｌｅで「受注プロセス戦略」という言葉を検索しても、その検索結果はゼロ件でした。これは、弊社が手掛けている戦略が、まだ誰も触れていない新しい領域であることを示していました。この状態こそ、私が目指している「競争しない」マーケティングアプローチの成果であり、その価値を最大限に活かすための「証」です。

私は、自社の価値を競争の土俵に乗せるのではなく、新たな価値を創造し、それを独自の市場で展開することで、競争そのものを回避した。それが、先ほどの「2024年でもあのキャプチャ画像が成立した経緯」と言う訳です。

さて、こういう視点で構築された戦略だからこそ、従来のSEO対策とは根本的に「立ち位置」が異なるものだということはご理解いただけるでしょうか。

SEO対策が競争を前提としているのに対し、弊社の「受注プロセス戦略」は競争を避け、独自の市場を創り出すことに重点を置いています。その結果、弊社の戦略を適用した企業様は、時として競合他社とは異なる独自のポジションを築くことができ、そのポジションにおいて圧倒的な優位性を持つことが可能になるのです。

これは、単に「SEOを行わない」という消極的な選択ではなく、積極的に独自の市場を切り開き、その市場において強固な地位を築くための戦略的な選択なのです。

したがって、弊社ではSEO対策に依存するのではなく、独自の価値を創出し、その価値を最大限に引き出すための戦略を構築しています。

SEOは、確かにデジタルマーケティングの一環として重要な要素ですが、その「常識」に囚われることなく、自社の強みを活かした独自の市場を開拓することで、競争を回避しながらも成功を収めることができるのです。

これが、弊社が「SEO対策をしない」という選択をしている理由であり、同時にそれがビジネス戦略としての有効性を持つ理由でもあります。

多くのマーケティング推進企業は、SEO対策を通じてリードや資料請求の最大化、マーケターの推進を目指しますが、すべてのB to B企業が直面する「受注の最大化」という最も基本的で重要な課題に対しては、ほとんど目を向けていません。

これこそが、私が当時再発見した驚くべきギャップであり、他のマーケティングに精通しているはずの各種支援事業者が、競合に対してまったくフリーにしていた「空白地帯」であり、競争を回避するための大きなチャンスだったのです。

そこで、私はこの市場に対して書籍という確固たる実績を投入し、「受注プロセス戦略」という言葉（名称）を商標登録することで市場をリードしました。

SEO対策を行わずとも、この商標が市場で認知されるようにするため、弊社は、その言葉がポジションを形成したのちに、自らメディアに登場し、この戦略の有効性について語り、その記事が自然と広まることを意図したのです。

このアプローチにおいて、弊社自身が「受注プロセス戦略」の普及を目的とした記事やSNS広告などを直接投下したことは一度たりともありません。これはSEOの世界で言えば、「待ち」の姿勢でありながらも、自らのポジションを戦略的に確立した結果だと言えます。

このように、SEO対策に継続的にリソースを投じずとも、必要な効果を得るための最低限の（別の）手段を選び取ることは可能だという事です。重要なのは、SEO対策を行う前に、「既に道が整理されている状態」をいかに作り出すかということです。競争の激しいフィールドに「それが常識だから」と、無理やり足を踏み入れるのではなく、自らの土俵を作り、その土俵で戦うことで、自然と競争を回避しながら成果を上げることができるのです。

この戦略を具体的に適用するためには、SEO対策を行わずに市場での存在感を高めるために、まず自社のポジションを独自のものにする（魅せるように設計する）必要があります。そのためには、商標登録のような手段なども積極的に活用し、自社がリードできる独自の概念や戦略を確立することが不可欠です。

そして、その概念や戦略をどのようにして広めるかについては、SEOのみに頼るのではなく、業界に影響力を持つプラットフォームやメディアを通じて、自然と認知されるようなアプローチを取ることが最も、人時生産性が高くなることでしょう。

これがまさに「受注プロセス戦略」という言葉が市場に浸透していった過程であり、SEO対策を行わずにしても市場に確固たるポジションを築くことができることを証明する経緯となっております。

この戦略は現在も、そして将来的にも「優位性のある状況をロックしている」状態を維持しています。つまり、SEOに頼らずとも、弊社は既に市場での優位性を確立し、それを保ち続けているのです。そして、これは「商標」であるがゆえに、今後も同じ状況を、安定的に創り出し続けていく事でしょう。


このようにして、SEO対策を「行わずに」独自のポジションを確立することができること。そして、その行為がいかに戦略的であり、視座を変えたわずかながらもが決定的な「差」を生み出すことになるかをご理解いただけたでしょうか。

SEO対策を行う前に、競争が存在しない状況を作り出し、その中で自らのポジションを確立することこそが、真に効果的な戦略なのです。

そして、それはやはり深謀遠慮から生まれる「戦略」によってもたらされるのです。

第三条：数字の量を評価しない

マーケティングにおいて、「数字」という要素が持つ力は、計り知れないほど大きいものです。これは、誰もが共通して認識している事実です。

数字は、ビジネスにおける成果や実績を視覚的かつ具体的に示す手段であり、その信頼性を高めるために不可欠な要素とされています。たとえば、ダイエット製品の広告で「これを飲むと痩せます」という漠然とした表現があるとしましょう。

もちろん、このような曖昧な表現でもある程度の効果は期待できますが、より具体的に「これを飲むと2週間で5kg痩せます」という数字が提示されれば、そのインパクトは格段に強くなります。

数字は、受け手に直感的な理解を与え、訴求力を高める役割を果たします。このため、多くの企業がマーケティングメッセージに数字を組み込むのは当然のことです。

数字は、顧客に対する説得力を強化し、彼らに安心感を与える手段としても有効です。数字が具体的であればあるほど、顧客はその製品やサービスに対する信頼を深めやすくなります。たとえば、ある企業が「顧客満足度90％」といった数字を掲げることで、消費者はその企業が信頼できるものであると判断するでしょう。また、「100万本以上の販売実績」といった大きな数字は、その製品の人気や実績を証明するものとして、消費者の購買意欲を刺激します。

このように、数字はマーケティングにおいて極めて強力な武器であり、競合他社との差別化や市場での地位を確立するために不可欠な要素とされています。

だからこそ、特に後発企業にとっては、この数字のゲーム（マウント合戦）で先行企業と対抗することは非常に困難です。後発企業が数字で競り合おうとすれば、膨大な実績を持つ先行企業に対して劣勢に立たされることは避けられません。

先行企業は長年にわたる経験と実績を積み重ねてきたため、圧倒的な数値的優位性を持っています。顧客数、売上高、成功事例の数といった数々の数字を武器に、後発企業を圧倒する力を持っているのです。このような状況で、後発企業が同じ土俵で競争しようとすることは、しばしば「不可能」に思えることでしょう。

しかし、この数字に依存したアプローチの局面を、「たった1つの秘策」で打開させる「逆論のアプローチ」が、世の中には存在することはご存じでしょうか。

この状況を打開するために重要になるのは、やはり「戦略」です。

数字のゲームにおいて圧倒的不利な立場にある後発企業が、先行企業と対等以上に渡り合うためには、従来の数字競争に囚われない新たなアプローチが求められます。

弊社が、時として提唱するのは、「数字を逆用する」という発想です。

通常、企業はできるだけ「多くの」数字を並べることで実績をアピールし、信頼性を高めようとします。しかし、弊社と「受注プロセス戦略」はこの常識を逆手に取り、逆に数字の「少なさ」を競争力の源泉とすることがあります。

言い換えれば、数字そのものの量を評価しないばかりか、少ない数字であることがむしろ強みになるような戦略を展開するのです。

たとえば、株式会社Marketer's Brainがマーケティング領域における支援事業の後発企業として、多くのマーケティング事業者という競合がひしめく市場で「勝つ」ために採用した戦略は、従来の常識とは全く異なるアプローチに基づいています。

通常であれば、マーケティング事業者が成功を収めるためには、数多くのメソッドや成功事例を積み上げることが重要だとされることでしょう。「100のメソッド」「1,000のお役立ち資料」といった大きな数字が成功の指標となるのが一般的です。

しかし、弊社はこのような常識を覆し、「逆論」に基づいた戦略を採用しました。

この戦略では、あえて数字を削ぎ落とし、その少なさを強調することで、従来のマーケティングとは異なる独自の価値を生み出しています。

具体的に述べると、私は、創業当時「少ないメソッドでも成果を上げられる」という点を強調し、従来の「多ければ良い」という発想を打ち破ることで、他社との差別化を図ることにしました。少数精鋭のメソッドに集中することで、その精度を極限まで高め、クライアントに対して圧倒的な成果を提供することを目指したのです。

これは、膨大な数字を誇る先行企業とは一線を画すアプローチであり、あらゆるリソースを持たない弊社が後発企業として競争優位を築くための鍵となりました。

実は、この「少ない数字」を強みにする戦略は、クライアントに対しても強いインパクトを与えます。多くの数字が並べられた中で一つだけ際立つ少ない数字は、かえって印象深く、記憶に残るものです。

たとえば、「100パターンの解決メソッド」を謳う企業がある一方で、「たったひとつのメソッドで結果を出す」というメッセージを発信すれば、そのシンプルさと明確さが際立ちます。

クライアント候補となる企業は、そのシンプルなアプローチに対し「本当に効果があるのだろうか？」と興味を持ち、その結果、弊社のメソッドに引き込まれることになります。

このように、数字の「量」を評価しない、むしろ、時として少ない数字を武器にするという戦略は、弊社のマーケティング戦略における中核のひとつを成しています。

実際問題、株式会社Marketer's Brainの展開は、従来の常識に囚われず、新しい価値を創造し続けることで、後発企業でありながらも市場で強い存在感を発揮し、競合他社に対して優位に立つことを実現しています。その実績は、冒頭の実例などで証明させて頂いた通りです。

【処方箋】数字の量を評価しない

私が株式会社Marketer's Brainに導入したメソッドの数は、驚くほどシンプルであり、その数は「たったひとつ」だと言いました。

それは、これまで本書の中でも何度も言及してきた「受注プロセス戦略」と呼ばれるメソッドです。このメソッドは、私が徹底的に設計し磨き上げたものであり、弊社のビジネスの中核を成すものです。

この「たったひとつ」のメソッドが、他の多くの企業が採用している複雑で多様な手法に対して、圧倒的な競争力を発揮しているのです。

多くの企業がマーケティング活動において、複数のメソッドやアプローチを用いて多様な課題に対応しようとする中で、弊社では、あえてその逆を行っています。

つまり、シンプルさを極限まで追求し、「だれにでも使える、たったひとつのメソッド」で市場に挑むことを決断しました。

この決断は一見、無謀とも思えるかもしれません。実際、多くのマーケティング理論では「多ければ多いほど良い」という考えが支配的です。企業は通常、より多くのメソッドやツールを揃えることで、複雑な市場のニーズに対応しようとします。

しかし、私はこの考え方に疑問を抱き、あえて「たったひとつ」のメソッドにすべてを集中させるという戦略を選んだのです。

もちろん、普通に考えれば、たったひとつのメソッドで、あらゆる課題を解決することは困難です。マーケティングの世界には無数の変数が存在し、それぞれが異なる解決策を必要とすることが少なくありません。

たとえば、業種や事業規模、ターゲット市場の特性によって、求められるアプローチは千差万別です。したがって、「何でも解決できる魔法の杖」など存在しないことは明らかです。

しかし、私はこの現実を認識した上で、「ある方法」を使い、シンプルでありながらも強力なメソッドを提供する手法を取ることにしました。

それが何かというと、私は、株式会社Marketer's Brainの「受注プロセス戦略」を、単なる手法やツールとしてではなく、「構築のメソッド」として定義したことにあります。

この「構築のメソッド」は、私が独自に開発したものであり、単なる手法の枠を超え、顧客に対して戦略的な思考を養い、自社に最適なソリューションを見つけ出すためのガイドラインとして機能しています。

私は、このメソッドを通じて得られるスキルや知識を活用することで、どんなリテラシーのお客様でも、自社の独自の戦略を構築し、実行できるよう支援しています。

つまり、このプロセスは、単なるメソッドの提供でも、研修プログラムでも、純粋な伴走支援でもなく、企業全体の成長と発展を促進する「実務伴走型の教育プログラム」として位置づけられているのです。

この「受注プロセス戦略」を中心に据えることで、弊社は様々な業種や事業規模、リソースの違いにかかわらず、幅広い企業に対応できる事業モデルを構築することが出来るようになりました。

このモデルは柔軟性がありながらも、メソッド自体のシンプルさと一貫性を保つことができる点が強みです。これにより、企業ごとの個別ニーズに対応しつつ、共通のフレームワークを提供することが可能となっています。
そして、そういった展開の末に、最終的に生まれた言葉が「ワンソース・マルチユース」なのです。

ここで改めて考えてみていただきたいのは、「たったひとつ」のメソッドが、「複数のメソッドを駆使する企業」に対して、どのようにして差別化を行い、勝利を収めることができるのか？　という点です。

たとえば、「100のメソッドで課題にアプローチする」という企業と、「たったひとつのメソッドであらゆる課題を解決する」というメッセージを並べたとき、みなさまは、どちらがよりインパクトを持つでしょうか。

弊社が見出した答えは、たとえ数字が少なくても、それが市場において大きな価値を提供できるものであれば、そのインパクトは何倍にも増幅されるということです。

通常、マーケティングにおいては「数字のマウント」が重要視されます。企業は大きな数字を示すことで、他社よりも優位に立とうとします。たとえば、売上高や顧客数、導入事例の数といった数字が大きければ、それだけで信頼性が高まると考えられがちです。

しかし、弊社ではあえてこの流れに逆らい、「数字を最小化」することを選びました。

なぜなら、少ない数字であっても、その価値が明確であれば、他社は簡単に真似することができず、むしろ弊社の独自性が際立つと考えたからです。

さらに、数字を最小化することで、競合他社がそのアプローチを模倣することを防ぎ、自社のポジションを確立することができます。

たとえば、弊社が「たったひとつのメソッド」で成果をあげることを差別化要因とした場合、競合他社は、これに対して「それより大きな数字」を出す意味がさほどありません。100のメソッドが200になってたところで、そもそもインパクトは小さいですし、「たったひとつ」という逆論を行く施策に対して、数を増やしている様では、まったくもって直接的な対策になっていないからです。

それならば…と、今度はそれより「小さい数字」を提示したいところですが、これも、実際問題、提供することはできません。「弊社のメソッドはゼロです。ありません」は、流石に差別化として論外だからです。

したがって、競合が弊社に直接的に対抗するには「弊社もひとつだけです」というアプローチを取るしかなくなります。

しかし、競合がその戦略に乗り換えた瞬間、それは「弊社の土俵」で戦って頂くことになります。

そうなれば、最終的には「実績・実例」の（今度は量的な）差が決定的な要因となり、弊社が優位に立つことになることでしょう。今度は、この「数字」が「たったひとつなのにこんなに多様なものを解決している」と多さの方に「作用する」ことになるからです。

つまり、「少ない数字の分母の元に、大きな数字を分子に採用した」訳ですね。

この戦略的なアプローチは、競合が簡単に追随できない独自性を強調するだけでなく、企業としての信頼性をさらに高めることにも繋がっています。

このひとつのメソッド（受注プロセス戦略）があらゆる状況で効果を発揮し続け、その価値を「事例」などで証明をし続けることで、その価値は時間と共に増大していきます。

結果として、メソッドの数を増やす必要がなくなるばかりか、「ワンソース・マルチユース」であることが、弊社の競争力をさらに強化する要因となっています。

このアプローチは、事業推進においても大きなアドバンテージをもたらしています。

なぜなら、お客様に対しては無駄なく効率的にサービスを提供することができ、同時に、自社のリソースも最小限に抑えることができるからです。

まさに、この施策を通じても、人時生産性が向上するという事です。

結局のところ、私がやるべきことは常にひとつ。

それは、この「受注プロセス戦略」を通じて、顧客に対して確実な価値を提供し続けることです。

この一貫したアプローチが、「私しかいない」という究極のリソース不足でありながら、成功をし続ける基盤であり、他社との差別化を可能にしているのです。

第四条：SNSは積極的にやらない

現代のビジネスにおいて、SNSが非常に重要なツールであることは、誰もが認めるところです。特に、個人企業やスタートアップがその存在感を高め、顧客層を拡大するために、SNSを活用することが主流となっています。

SNSは、わずかなコストで広範なオーディエンスにリーチできる強力な手段として、多くの企業に利用されています。そのため、（特に個人企業において）「SNSを積極的に使わない」という選択を提示することは、まるで「嘘でしょう？」と疑問視されるほどの大胆な決断に映るかもしれません。しかし、株式会社Marketer's Brainでは、あえてこの選択を取っています。

具体的には、私はSNSの使用をかなり制限しており、時にはほとんど利用しない状況さえあります。この決断は、単なる偶然や消極的な判断などではなく、明確な戦略的判断に基づいています。

私はSNSを『やらない』のではなく、その時点での事業目標に応じて、優先度が高いと感じた他の活動にリソースを集中してきました。

これは、現代のビジネス環境においては異例とも言える戦略ですが、弊社の事業においては理にかなった判断です。

多くの企業が特に初期段階で、ＳＮＳを活用して事業を拡散・拡大しようと考えるのは自然なことです。ＳＮＳは低コストで広範な市場にアプローチできるため、マーケティングツールとして非常に魅力的です。起業家や個人事業主にとって、ＳＮＳはビジネスを拡大するための切り札のように思えるかもしれません。実際、私自身もかつてはＳＮＳに一定のリソースを投入し、その可能性を探ったことがあります。

しかし、ある時点を境にして、私は自主的にＳＮＳから撤退し、その後は一切のリソースをＳＮＳにかけることを辞めました。この決断は、慎重な検討を経て選択されたものであり、事業運営において大きな役割を果たしています。

ＳＮＳからの撤退を決めた理由は非常にシンプルです。弊社の事業においては、ＳＮＳは、多くのリソースを必要とする反面、それに見合うリターンが得られないことが分かったからです。

具体的には、ＳＮＳの運用には継続的なコンテンツの制作、投稿の頻度管理、フォロワーとのコミュニケーション、コメントへの対応など、多岐にわたる作業（リソース消費）が伴います。

これらは一見、些細な作業に思えるかもしれませんが、実際には非常に時間と労力を消費します。その結果、他の重要な業務や戦略的な活動が後回しになり、リソースの効率的な配分が妨げられてしまうリスクが生じます。

私は、このようなリソース配分の優先順位を見直し、ＳＮＳを「やらない」という選択を取ることが、長期的なビジネス戦略において最も合理的で効果的である、と判断したのです。

特に、実は、ＢtoＢビジネスにおいて、ＳＮＳのフォロワー数や「いいね！」の数が直接的に売上に結びつくことは稀です。多くの場合、ＢtoＢビジネスの長期的な成功を支えるのは、ＳＮＳでの露出や人気ではなく、顧客との信頼関係や実績に基づく信頼性です。

これらは、ＳＮＳの数字では測りきれないものであり、長期的に企業を支える基盤となる要素です。そのため、私はＳＮＳに依存せず、特に初期のフェーズにおいては、むしろ他のリソースに集中することが、より効果的な戦略であると確信しています。

また、ＳＮＳの運用には「得手不得手」があります。すべての企業や個人がＳＮＳを活用することが最適であるとは限りません。私自身、「Ｓｕｉｔ Ｙｏｕ」という表現を好んで使いますが、これは「どんなに素晴らしい服でも、自分に合わなければ意味がない」という意味を込めています。

SNSの運用も同様で、いくら優れたツールであっても、それが企業や個人の特性に合わなければ、効果的な結果を生むことはできません。私の事業（とキャラクター）においては、SNSを積極的に活用することが必ずしも最良の選択ではなかったのです。

それでは、なぜ株式会社Marketer's BrainにとってSNSを「やらない」ことが最適だったのでしょうか？

その答えは、やはり弊社の展開している「受注プロセス戦略」の全体像を俯瞰した視点（戦略）から考えたとき、SNSがリソース効率を悪化させる要因になると判断したからです。

弊社では、長期的な成長と持続可能性を目指し、限られたリソースを慎重に配分することが重要だと考えています。SNSにリソースを割くことで、他の重要な活動に支障が出る可能性があればこそ、弊社はあえてSNSを「やらない」という決断を下しました。

この決断には、さらに深い意図があります。SNSは非常に速いペースで変化し、常に新しいトレンドやアルゴリズムの変化、もっと言えばプラットフォームそのものの盛衰にも対応しなければなりません。

このような環境では、SNSに多くの時間とエネルギーを費やすことが求められ、その結果、本来のビジネス戦略が後回しになることが少なくありません。

また、SNSでの成功は一時的であり、瞬間的なトレンドに依存することが多いため、長期的な成果を保証するものではありません。私は、このような不確実性に対してリソースを投入するよりも、（とくに事業の創業フェーズにおいては）より確実な成果をもたらす戦略に集中することを選んだのです。

さらに、SNSを利用しないことで、私は、よりコントロールされた形でブランドイメージを構築することができると考えています。

SNSでは、顧客とのコミュニケーションが瞬時に行われ、その結果、ブランドのイメージが予期せぬ形で変化するリスクがあります。特に創業間もなく、ブランドが固まっていない段階では、このようなリスクを回避し、あくまで自分のペースで、計画的にブランド戦略を進めていくことができるという利点を見出したのです。

結局のところ、弊社ではSNSを「やらない」ことで、他の重要なリソースに集中し、より効果的な戦略を展開しています。SNSは非常に強力なツールである一方で、それに依存しすぎると、逆にリソースの無駄遣いにつながる可能性があります。

弊社ではこの点を深く理解し、自社の強みを最大限に活かすための選択として、SNSを積極的にやらないという戦略を「採用」したのです。この選択が、弊社のビジネスを成功に導く重要な要素となっています。

【処方箋】SNSは積極的にやらない

ここから話が少し複雑になりますが、「SNSをやらないことにした」と言う判断基準について、リソースの「連結」という考え方から触れてみましょう。

ビジネスにおいて「ヒト・モノ・カネ」に代表される各種のリソースは常に有限であり、その使い方を間違えると、全体の戦略が崩れてしまうリスクがあります。


少し話を戻して、「記事」から考えます。もし私が「SEO対策」を積極的に行っていたとしたら、それに伴って「記事」の生成が必須となっていたと思います。

そして、その記事を作成するためには、当然「ネタ」を考え出さなければなりません。

この時点で、すでにリソースがSEO対策という一つの目的に対してかなりの割合を割かれることになります。さらに、これらのネタは「何でもいい」わけではなく、一定のクオリティと頻度が求められます。つまり、ただ量をこなすのではなく、読者にとって有益であり、かつ継続的に供給できるコンテンツを生み出さなければならないのです。

さらに重要なのは、その記事が「価値」を持たなければならないという点です。価値ある記事を定期的に公開するためには、深いリサーチや専門的な知識が必要となります。それには時間と労力が必要であり、それらを維持するためには、追加のリソースが必要となります。

結果として、ＳＥＯ対策に依存するあまり、企業が持つ他の重要な資源が分散されてしまう可能性が高まります。最悪の場合、コンサルティング事業である弊社は、その貴重な自社の独自メソッドやノウハウを「記事」という形で切り売りしてしまうことになりかねません。このようなリスクを避けるために、弊社ではＳＥＯ対策を慎重に見極め、リソースを集中するべき場所を精査する必要があると考えています。

さらに、ＳＥＯ対策だけでなく、その記事を「拡散」すべく、ＳＮＳでの活動が活発化させようとすると、その運用に、また必要なリソースが増大します。

ＳＮＳは一見、簡単に運用できるように見えますが、実際には非常に多くのリソースを必要とします。たとえば、定期的な投稿スケジュールを維持するためには、継続的に新しいコンテンツを作成し続けなければなりません。これは、純粋なリソースの問題のみならず、モチベーションにも影響してくる問題です。

また、フォロワーとのコミュニケーションを円滑に進めるためには、コメントやメッセージへの対応も欠かせません。このような運用の手間が重なると、リソースの分散が避けられず、本来注力すべき戦略的な活動が後回しになってしまう可能性があります。

つまり、SEOとSNSで「二重のリソース負債」を抱えることになるのです。

また、弊社では、先に考察した通り、そもそもSEOとその記事に対するリソースをあまり持たないため、SNSを本格的に行おうとすると、そのためだけにわざわざ「記事」を描くことになります。

それは、大きな負担となるからこそ「SNSを積極的に活用しない」という選択を取ることが自然な結果となりました。

私がSNSをあえて活用しない理由は、リソースの分散を防ぎ、自社にとって戦略的に重要な活動（受注プロセス戦略の研鑽と展開）に集中するためです。SNSに時間や労力を費やすことなく、限られたリソースをより効果的な活動に投じることで、弊社の競争力を維持させたのです。

また、弊社の顧客層を狙うのなら、ＳＮＳでの集客を重視しなくてもよいという背景も、ＳＮＳをやらない大きな理由の一つでした。

弊社の主な顧客は法人格を持つ企業の経営層の方々であり､多くの場合､ビジネスは「ご紹介」を通じて成立しています。つまり、ＳＮＳにリソースを割かなくても、安定的に顧客を獲得できる「しくみ」がすでに整っているのです。

このような状況では、ＳＮＳを活用することが必ずしもビジネスの成長に直結するわけではなく、むしろリソースの無駄遣いとなる可能性があります。弊社では、ＳＮＳに依存せずに顧客との信頼関係を築き、実績を積み重ねることで、長期的な成長を実現しているのです。

もちろん、私は、ＳＮＳを全否定しているのではありません。事実、ＳＮＳが適した戦略であるケースも存在します。

実際、弊社の別事業であるMarketer's Lensでは、ＳＮＳを積極的に活用してコラムの情報発信を行っています。このケースでは、ＳＮＳがターゲットとなるオーディエンスに直接アプローチできる効果的な手段となり、わずかな投資で大きなリターンを得ることができています。

しかし、これも「だれに、何のために」というＳＮＳの特性に整合した戦略があってこそ、効果を発揮しているのです。

私が言いたかったことは、「すべてのビジネスにおいてＳＮＳが必須」であるわけではなく、適材適所で活用することが重要でだということです。

思考を停止させ「猫も杓子もやらないと損みたいだから」という考え方に陥らず、ＳＮＳを「やらない」という選択そのものが、ビジネスにおける重要な判断であると認識する必要があります。

さらに、追加の効果をお話しすると、弊社では「ＳＮＳをやらない」という選択を取ることによって、ＳＥＯの「あるリスク」を徹底的に排除することにも成功しました。

具体的には、ＳＮＳを「やっていない」というシンプルな理由で、（自社の公式アカウントが存在しないからこそ）顧客候補が、弊社に興味を持ったとき、（弊社の公式サイトにしか情報が無いからこそ）他のプラットフォームに流れ出ていくことを防げているのです。

つまり、ＳＮＳにリソースを割かないことで、リソースを本来行うべき事業に集中させるのみならず、集客（ＳＥＯ）にもポジティブに作用させることができたということです。

この戦略的判断が、結果として全体のビジネス戦略において重要な役割を果たしてくれています。

最後に、「SNSをやらない」という選択が、弊社にとってどれほど効果的であるかについて触れたいと思います。

弊社は、SNSにリソースを投じる代わりに、顧客との直接的なコミュニケーションや、実績に基づく信頼関係の構築に注力しています。これにより、短期的な露出ではなく、長期的な顧客関係の維持と拡大を図っています。SNSに依存せず、戦略的に重要な活動に集中することで、弊社は着実に成長を続けており、その成功はこれまでの結果として示されています。

「みんながやっている施策」は「必ずしも自社にとっての正解では無いこと」をご理解いただけましたでしょうか。

ここまでのまとめ

さて、これまでの内容を読み進めてきた方の中には、「あれ、もしかして…？」と気づかれた方もいらっしゃるかもしれません。もし、あなたがそう感じたなら、あなたは非常に鋭い観察眼をお持ちです。

そう、実は、ここまで解説してきた弊社の施策や戦略は、個別に見ると独立した「点」として存在しているように見えるかもしれません。

しかし、これらは単なる点ではなく、すべてが見事に「線」で繋がっており、ひとつの統合された戦略として機能しているのです。

この「線」で繋がるという発想こそが、弊社のビジネスモデルと競争優位性を支える重要な要素なのです。この統合されたアプローチが、弊社の成功を後押しし、業界での独自の地位を築く原動力となっています。

だから、弊社の戦略は受注「プロセス」戦略を名乗っております。

まず、最初に確認しておきたいのは、弊社のアプローチがどのようにして「点」として存在する各施策を「線」で結びつけ、統合された戦略に昇華させているかということです。

これは、個々の戦術や施策が一見バラバラに見えるかもしれませんが、それらが緻密に計画された全体戦略の一部として機能していることを示しています。この統合的なアプローチにより、弊社はリソースを効率的に活用し、他社には容易に真似できない独自の競争優位性を確立しています。

たとえば、以下のプロセスをご覧ください。

プロセス1：メソッド訴求の内容を絞る

弊社では、提供するメソッドを「受注プロセス戦略」に絞り込むことで、リソースを集中投下することが可能になります。

多岐にわたる手法を取り入れるのではなく、「たったひとつのメソッド」にフォーカスすることで、弊社は他の何にも惑わされることなく、最も重要な部分に限りあるリソースをすべて集中して注ぐことができるようになりました。

この決断は、単にシンプルさを追求するだけでなく、リソースを最大限に活用し、メソッドの効果を最大化するためのものでした。これにより、他社との差別化が図られ、弊社が独自のポジションを築くための基盤が整うこととなりました。

プロセス２：リソースを集中できるから商標をシンプルに抑えられる

弊社では、確立したメソッドを一つに絞ることで、その価値を最大限に高めるために「商標登録」を行いました。商標登録は、弊社の知的財産を保護し、他社からの模倣を防ぐための重要な手段です。

また、商標登録によって弊社の独自性が強調され、市場におけるブランドイメージが一層強固なものとなりました。なぜなら、「だれよりも早く、マーケティングでは受注こそが重要であるという本質に気が付いた」事の証明にもなっているからです。

この商標は、単なるロゴや名前ではなく、弊社の価値観やビジョンを体現するものであり、それが他社との差別化を図るための強力な武器となっています。さらに、商標がシンプルかつ、一般用語の組み合わせであることが、メッセージの明確さと、イメージの促進、一貫性を保つ鍵となっており、これが弊社のポジションを確固たるものにしています。

プロセス３：商標があるからＳＥＯを戦略だけで打開できる

商標登録によって独自のポジションを確立した結果、ＳＥＯ対策においてもその効果が顕著に現れました。

弊社がＳＥＯに大きなリソースを投じずとも、既に築かれた独自のポジションと、その名称が検索結果に反映され、自然と上位に表示されるようになるのです。これにより、ＳＥＯ対策に必要な労力やコストを最小限に抑えつつ、効果的な集客が可能となりました。

つまり、商標登録によって得られた市場での優位性が、ＳＥＯの成功にも直結しているのです。これが、弊社がリソースを効率的に使いながらも、ＳＥＯで成功を収めている理由です。

プロセス４：打開済みだからコンテンツは作成しない

ＳＥＯが既に戦略的に機能しているため、新たに多くのコンテンツを投下する必要がありません。むやみに記事を量産することでリソースを浪費するのではなく、質の高いコンテンツだけを選別して提供することができます。このアプローチにより、コンテンツのクオリティが維持され、ブランドイメージが損なわれるリスクを回避できています。

さらに、質の高いコンテンツが自ずと顧客の信頼を獲得し、ビジネスの成長を後押しする要因となっています。無駄なコンテンツを作成しないことで、時間とリソースを節約し、その分を他の重要な活動に充て、その「価値」を最大化することが可能になります。

プロセス５：コンテンツが無いから余計な拡散はしない

これらの展開により、必要以上のコンテンツを作成しないことで、拡散のためにリソースを割く必要もありません。むしろ、限られたコンテンツが持つ価値を最大限に高め、その効果を十分に発揮するための戦略が取られています。

これにより、無駄なリソースの消費を防ぎつつ、効率的な情報発信が可能となっています。さらに、コンテンツの価値を高めることで、自然と顧客からの信頼を得ることができ、長期的なビジネス関係を構築する基盤となります。

このようなアプローチは、短期的な成果だけでなく、長期的な成長を目指すために不可欠です。

これらすべてのプロセスが、一つの「線」として繋がり、相互に作用することで、弊社の戦略が完成しています。この戦略は、単なる手法の組み合わせではなく、全体として統合された戦略的アプローチです。これこそが、弊社が推進する「受注プロセス戦略」の本質であり、「最小限のリソースで最大の成果を生み出すための要件」となっているのです。

これまでの施策が見事に連携し、効率的かつ効果的に機能することで、弊社は競争力を維持し続けているのです。

このような状況が整えばこそ、「最高の人時生産性」を達成することが、決して難しいことではないことがお分かりいただけるのではないでしょうか。

リソースを効率的に集中させ、一貫した戦略を実行することで、結果として驚くほど高い生産性を実現することは可能なのです。このアプローチは、弊社のビジネスの根幹を成すものであり、他社には容易に真似できない強みとなっています。

そして、これらの施策が「点」ではなく「線」で繋がり、一貫した戦略の一部であることを理解することで、「特定の分野の専門家では、到底達成し得ない視点」が必要であることもご理解いただけることでしょう。

個別の戦術・施策・メソッドにのみ注力・傾倒するのではなく、全体を俯瞰し、戦略を統合的に組み立てることが、真の競争優位性を生み出す鍵なのです。このようなアプローチを取ることで、弊社は他社との差別化を図り、持続可能な成長を実現しているのです。

さらに言うならば、この戦略を、私が本書を通じて「開示」したところで、状況は何も変わる事はありません。

それこそが、本物の「戦略」の恐ろしいところであり、まさに「戦争を略する」カタチで、完璧にハマってしまっている（状況をロックしてしまっている）のです。

株式会社 Marketer's Brain
マーケティング展開例

プロセス1：メソッド訴求の内容を絞る
→ 「受注プロセス戦略」にリソースを**集中**。

↓

プロセス2：リソース集中により**商標**をシンプルに保つ
→ 商標登録による独自性強化。

↓

プロセス3：商標が**ＳＥＯ**戦略をサポート
→ リソースを最小限にＳＥＯ対策が可能に。

↓

プロセス4：打開済みのため、コンテンツ作成は最小限に
→ **高品質なコンテンツ**だけに集中。

↓

プロセス5：コンテンツの効率化によるリソース**最適化**
→ 拡散に余計なリソースをかけない。

競争というのは「勝ち負け」が発生する可能性がある時点ですでに損をしており、私は、その究極系は「そもそも何も起きようが無いこと」こそが、真の戦略であると信じています。誰もおらず、唯一の施策を展開し、それが一定決まっていて、分かっているのに、外部から手の出しようがない。

これこそが、本当の意味で「マーケティングを理解している人物」が実現すべき、「ブランディング」であり、「マーケティング戦略」なのではないだろうかと、そう思うのです。

さて、次の章では、さらにこの戦略を深堀りし、私がクライアントに提言している「リソースレス」のアプローチについて詳しく解説していきます。

具体的には、次の4つの要素に焦点を当てます。

第七条：人の採用はしない
第八条：マーケターは指揮をとらない
第九条：初期は広告費はほとんどかけない
第十条：分析は最小限にとどめる

これらの戦略が、いかにして最低限のリソースで最大限の効果を発揮しているかをお伝えします。そして、その前に、これらの戦略を支える基盤となる「2つの重要な要素」についても詳しく説明していきます。

それは、

- **目立つことはしない**
- **達成していないことは言わない**

ということです。

なぜ弊社が、創業当初にＳＮＳを積極的に活用しない選択を取ったのか、その理由もここに大きく関係しています。これらの要素がどのように全体戦略と結びつき、弊社の成功に貢献しているのかを紐解いていきます。次章もぜひご期待ください。

本章の気づきポイントまとめ

・成功には「何をやるか」だけでなく、「何をやらないか」の選択が重要である。
・リードの「量」よりも「質」を重視することで、ビジネスの効率と成果が向上する。
・一般的な戦略や手法に固執せず、独自のアプローチを構築することで、競争優位を確立できる。

第3章

伏龍の
マーケティング戦略

株式会社 Marketer's Brain が現在築いている独自の地位は、幸運があったことは間違いないにせよ、決してそれだけの「偶然の産物」ではありません。弊社が手にしている成功と成長の背後には、周到な計画と数々の工夫が存在しています。

今日の「独立独歩」という表現が示すように、弊社は他社に依存せず、独自の道を切り開くことで市場での確固たるポジションを築き上げてきました。

しかし、この地位に到達するまでの道のりは決して平坦なものではありませんでした。特に、設立初期から3年目までの期間は、多くの試練と「気を遣う局面」が連続し、常にリスク回避と慎重な戦略が求められる時期でした。

このフェーズでは、勢いに任せて突き進むのではなく、あえて「伏龍《ふくりゅう》」のように地中で力を蓄え、慎重に時機を見極めるアプローチを選択しました。

私がこの道を選んだ背景には、サラリーマン時代の経験が深く関わっています。

特に、メガ企業との数多くの「マネーゲーム」のようなマーケティング施策の対決・競争を通じて、私は市場でのポジショニングがいかに重要であるかを痛感し、疲弊していました。そこで直面したのは、圧倒的な資本力とリソースを持つ巨大企業が市場を席巻する現実です。

そのような競争環境の中で、小さな存在が生き残り、成長を遂げるためには、正面からぶつかるのではなく、あえて「伏龍」として慎重に進むことが不可欠であると悟りました。
この戦略は、強大な相手に対して無謀に挑むのではなく、地道に力を蓄えながら、状況が整った時に一気に攻勢に出るというものです。

この戦略を実践する過程で、私は「何をするか」だけでなく、「何をしないか」が極めて重要であることを学びました。市場で生き残るためには、全ての機会に飛びつくのではなく、敢えて手を出さない選択が必要な時もあります。その背景には、リソースの限界や市場の不確実性を見極める力が必要です。

たとえば、初期段階で大規模な広告キャンペーンを打ち出すことは、一見すると企業の成長を加速させるように思えるかもしれません。しかし、もしそのキャンペーンが失敗した場合、リソースを大量に消耗し、結果として企業全体が揺らぐリスクを抱えることになります。

そこで私は、あえて「何もしない」という選択を取りました。これは決して消極的な判断ではなく、リスクを最小限に抑え、持続可能な成長を目指すための、むしろ「積極的な戦略」です。

現在の弊社の成功を支えるもう一つの要素は、「忍耐」です。

市場環境が激変し、競争が激化する中で、短期的な成果に飛びつくのではなく、あえて長期的な視点を持つことが重要です。私がサラリーマン時代に直面したメガ企業との対決では、短期的な成果を求めるあまり、多くの企業が過剰なリソースを投入し、その結果、持続可能な成長を犠牲にするケースを目の当たりにしました。

この経験から学んだのは、短期的な利益を追求することが「必ずしも最善の選択ではない」ということです。むしろ、リソースを慎重に管理し、成長のタイミングを見極めることが、長期的な成功を確実にするための鍵であると理解しました。

このように、弊社は設立から3年目までの間、慎重に「伏龍」の戦略を貫き、力を蓄え続けてきました。世の中から見えない地中で力を蓄え、周囲の動向を注意深く観察し、最適なタイミングを待つ姿勢を取り続けたのです。

この戦略により、弊社は大きなリスクを避けつつ、確実に成長することができました。そして、この慎重なアプローチが結果として、今日の「独立独歩」という強固な地位を築く原動力となったのです。

本章では、これまで私が直面した数々の局面を振り返りながら、特に重要であった「何をしなかったのか」「なぜ、しなかったのか」について詳しく掘り下げていきます。

これらの選択は単なる偶然ではなく、全てが戦略的な判断に基づいています。

そして、その判断が如何にして株式会社 Marketer's Brain の成功に繋がったのかを、具体的な事例とともに解説していきます。

弊社のビジネスがどのようにして逆風の中で成長し続けてきたのか、その秘訣を紐解くことで、皆さんにも新たな視点を提供できればと思います。

また、この章では、企業が成長過程で直面するであろうリスクや困難に対して、どのように対処すべきかについても触れていきます。

成長の過程では、常にリスクと隣り合わせであり、その中でどのような判断を下すかが企業の命運を左右します。私がサラリーマン時代に経験した教訓を基に、リスクを回避し、持続可能な成長を実現するための戦略を紹介していきます。

この章を通じて、皆さんが自社のビジネスに適用できる具体的な戦略を見つけ、成功への道筋を描けるようになることを期待しています。

「伏龍」としてのアプローチは、一見すると消極的に見えるかもしれませんが、実際には非常に高度で戦略的な選択であり、リスクを抑えつつ確実に成果を上げるためのものです。

この章を通じて、その具体的な戦略と成果を理解し、皆さんのビジネスにも応用できるヒントを得ていただければ幸いです。

生まれたての存在は、あらゆる外圧に対して無力

新しいプロダクトのローンチや事業の立ち上げにおいて、最も重要な要素は何でしょうか？

多くの人がまず思い浮かべるのは、市場規模の分析や戦略の有効性の検討かもしれません。もちろん、これらは重要な要素ですが、私が最も重視しているのは「外圧」です。

外圧とは、外部からの圧力や脅威であり、これがいかにして事業やプロダクトに影響を与えるかが成功の鍵を握ります。どれだけ素晴らしい戦略を持っていても、外圧によって初期段階でその芽（可能性）を摘まれてしまえば、成長する前に可能性が潰えてしまうからです。

これは、マーケットにおける新規参入者が直面する最大のリスクのひとつです。

起業したばかりの2019年の株式会社Marketer's Brainは、無借金経営でスタートしましたが、その分、リソースには限りがあり、コネクションもほとんどありませんでした。

私が頼れるのは「戦略」のみでした。

そのため、最初に行ったのは、この「深謀遠慮《しんぼうえんりょ》の戦略」を絶対に他者に悟られないよう

に遂行するという、「伏龍」の精神を持つことでした。

伏龍とは、地中で力を蓄え、時が来るまで姿を現さずに準備を整えるという考え方です。これを実践することで、弊社は外圧から身を守り、成長のチャンスを確実にすることができました。


私自身、過去にサラリーマンとして企業に所属していた際、いくつかのプロダクトのローンチに関わった経験があります。その時に痛感したのは、資本主義社会において「可能性の芽」や「出る杭」は、発見された瞬間に徹底的に刈り取られるという厳しい現実です。

特に、大企業や資本力のある競争相手に目をつけられると、彼らは豊富なリソースを駆使して、容赦なく新規参入者を叩き潰しにかかります。

このような状況に陥ると、資金力や人脈で劣る小規模な企業は、マネーゲームに引きずり込まれ、本来戦うべきでない戦場に駆り出されてしまうのです。その結果、戦争は開始される前に既に敗北が決定しているような状況に追い込まれてしまうのです。

たとえば、どれほど優れたアイデアであっても、競合に先に商品化されてしまえば、そのアイデアの価値は瞬時に失われてしまいます。

また、どんなに画期的な新案でも、先に特許を取得されてしまえば、そこから利益を生むことはほぼ不可能となります。

こうした状況においては、いかにして自分の存在を隠しつつ、リソースを蓄え、決定的な瞬間に一気に勝負をかけるかが極めて重要です。

商標や特許などは、法律的に後発の事業者にも与えられた権利ですが、その有効性を最大限に発揮するためには、競合が気づいたときには「すでに手遅れ」という状況に持ち込む必要があります。


このように、起業したばかりの企業が直面する外圧を乗り越えるためには、慎重さと計画性が求められます。市場において目立つことは避け、競争を引き起こす要素を排除しつつ、静かに力を蓄えることが不可欠です。だからこそ「市場の言う王道の戦略」を適用することが非常に危険になることがあるのです。

私が徹底していたのは、「目立つことを避ける」「達成していないことを言わない」という基本的な原則です。これらの原則は、戦略的な判断の根幹を成しており、競争を避けるための重要な方針となっています。

まず、「目立つことを避ける」という原理は、競合や市場の注目を避け、静かに、しかし確実に成長するための戦略です。ビジネスの初期段階では、目立つことで競争相手の関心を引いてしまうリスクが大きくなります。

外部からの圧力が強まると、計画通りに進められるはずの戦略も狂い、リソースが削られるリスクが増大します。特に、大企業の注目を集めると、資本力に物を言わせた対抗策が講じられるため、競争はさらに厳しくなります。

そのため、私は特に初期の段階で「伏龍」の精神を貫き、静かに力を蓄えることに徹しました。これは、リスクを最小限に抑えつつ、確実な成長を目指すための最良のアプローチであると確信しています。


次に、「達成していないことは言わない」という原則も、成功を確実なものにするために欠かせません。ビジネスの世界では、過剰な自己宣伝や、まだ成果が出ていない段階での発表は、逆にリスクを増大させることが多いのです。早期に成果を発表してしまうと、競合が対策を講じる時間を与えてしまい、結果的に市場での優位性を失うことになります。

これに対し、弊社は準備が整った時点で初めて行動を起こし、相手の先手を打つことに成功しました。これにより、競合が準備を整える間もなく、市場において確固たる地位を築くことができたのです。そして、これが、弊社がＳＮＳをやらなかった大きな理由の１つでもあります。

これらの戦略が一貫して適用されることで、Marketer's Brainは、設立から3年の間に外圧から身を守りつつ、静かに、しかし確実にその力を蓄えていきました。

結果として、他者に知られることなく、「みんなが気が付いたタイミング」では、しっかりとした「競争力のある基盤」を築き上げることができたのです。

これは、あたかも伏龍のように、表面に現れることなく力を養い、時が来たときに一気に躍進するためのマーケティング戦略と言えるでしょう。

この戦略の重要性は、他の競争相手が市場でのシェア争いに気を取られている間に、我々が静かに力を蓄え、時期を見極めて行動を起こすことにあります。

競争を避けつつも、いざ動くときには確実な成果を上げることができる、このようなアプローチが弊社の成長を支えてきました。まさに「生まれたての存在は、あらゆる外圧に対して無力」を熟知しているがゆえに、戦略的に成長を図り、強固な基盤を築くために必要なことを徹底して行ってきたのです。

今後もこの姿勢を保ちつつ、次の成長段階に進むために、さらなる戦略の進化を図っていきます。

結局、マーケティングとは「陣取り合戦」である

マーケティングの世界は、常に競争と共存が表裏一体となっており、その本質は「陣取り合戦」と言っても過言ではありません。ビジネスにおいて、自社のポジションを確立するためには、競合との激しい駆け引きが不可避です。

これまで述べてきた「目立たず、無理をしない」という戦略は、非常に効果的な手法であり、多くのリスクを回避することができます。

しかし、その戦略が「常に正解か？」と問われると、必ずしもそうではない場合もあることを理解する必要があります。

なぜなら、マーケティングはしばしば「陣取り合戦」のような性質を持ち、自分の考えていたアイデアや戦略が他者によって先に実行されてしまうことが、（そして、それが致命傷になることが）頻繁に起こり得るからです。

たとえ自分が元々アイデアの発案者であり、その戦略を練りに練っていたとしても、誰かにその発表を先んじられ、後からそれを発表すると「パクリだ」と批判されることがあります。

現代のビジネス環境では、情報の伝播速度が驚異的に速く、一度出回った情報は瞬時に広がります。そのため、誰が最初にそのアイデアを思いついたのかを証明することは、ほぼ不可能に近いのです。

情報が他者に先んじられるというリスクを常に意識しながら、どのタイミングで情報を公開するのか、どの程度まで公開するのかを慎重に見極める必要があります。この判断は、時には戦略の成否を左右するほど重要です。

マーケティングの世界で陣取り合戦が繰り広げられる理由は、ビジネスが基本的に「限られた市場シェアを争う」競争で成り立っているからです。

市場には限られたパイが存在し、そのパイをいかにして獲得するかが企業の存続と成長に直結します。したがって、他社よりも先に市場に参入し、競争相手よりも有利なポジションを確保することが重要です。この過程で、どれだけ早く、どれだけ巧妙に動けるかが勝敗を分けるのです。

しかし、単にスピードだけを追求するのではなく、戦略的なバランスが求められます。すなわち、他者に先を越されないように迅速に行動しつつも、過剰な焦りは禁物です。

情報管理とタイミングのバランスを取ることの難しさを、私は起業当初から痛感してきました。特に、他社の動向を気にしつつ、自分の戦略を守り抜くためには、「急ぐけれど、我慢する」という絶妙な舵取りが求められました。

このバランスを保つことが、マーケティングの成功において極めて重要です。情報を出し過ぎれば、競争相手に手の内を明かすことになりますが、出さなさ過ぎると、自分のアイデアが競合に先んじられるリスクが高まります。

そのため、適切なタイミングで情報を公開し、自社のポジションを確立することが求められるのです。

この「陣取り合戦」の本質を理解することは、マーケティング戦略を考える上で欠かせません。情報が溢れる現代において、どのようにして自社のアイデアを競争の中で守り抜くか、そのための戦略が必要です。

過度に守りに入ると、他者に先を越されるリスクが高まりますし、逆に早まった行動は思わぬ失敗を招くこともあります。私は、初期の試行錯誤を通じて、このバランスを保ちながら「鉄壁の戦略」を構築することができましたが、その道のりは決して平坦ではありませんでした。多くの困難と葛藤を乗り越え、ようやく「角を取る」ことができたのです。

過去の類例から話をすると、私が会社員の頃、あるプロダクトのローンチにおいて、競合他社が同様のアイデアを先に市場に投入してきたことがありました。このとき、私は一度立ち止まり、慎重に状況を見極めました。もし、そのまま追随しても競合に埋もれてしまう可能性が高く、逆に自社のブランド価値が下がるリスクもありました。

しかし、ここで焦って動いてしまうと、長期的にはより大きなダメージを被ることになります。そこで私は、改めて戦略を再考し、他社とは異なる切り口でアプローチすることで、新たな市場セグメントを切り開くことに成功しました。

このような過去の経験が、私にタイミングと戦略に対する柔軟な調整能力を養ってくれたのです。

マーケティングが「陣取り合戦」であることを忘れてはなりません。競争相手がいる限り、どんなに優れた戦略を持っていても、その戦略を実行するタイミングや方法が重要です。

企業がいかにして他者と差別化を図り、競争優位を維持するかは、実際に展開される各種の手段よりも高い確率で最終的な成功を左右します。

情報が溢れ、変化の激しい現代社会では、単なるアイデアの良さだけでなく、それをいかに迅速かつ効果的に実行できるかが鍵となります。これは、過去の成功例に縛られず、常に新しいアプローチを模索することで、はじめて達成できるものです。

最後に、マーケティング戦略を実行する際の心構えとして、常に競争相手の動向に目を光らせつつも、自社の目標とビジョンを見失わないことが大切だということも付け加えておきましょう。

過度に他者の動きに左右されることなく、自分たちのペースで着実に前進することが、最も重要です。過去の経験と教訓を活かしながら、今後もマーケティングの「陣取り合戦」において、自社のみならず、クライアント企業様への支援も併せて、勝利を収め続けていく所存です。

コラム：余談〜自分に合った戦略の見つけ方

さて、ここからは、少し余談に入りますが、戦略設計において「無理をせず、自分にとっての最適解を見出す」ためには、どのような方法があるのでしょうか？

戦略とは、その人や企業の性質、リソース、状況に応じて最適化・最大化されるべきものであり、他者の成功例をそのまま模倣するだけでは、期待する効果が得られないことが多いものです。

また、最適な戦略とは「万人に通じる正解」があるわけではなく、むしろそれぞれの個性や特性に応じてカスタマイズされるべきものです。

ここで私が考案した一つの方法をご紹介します。それは、「ドラクエ理論」と名付けたものです。

「ドラクエ理論」とは、人気ＲＰＧゲーム『ドラゴンクエスト』を例にとったもので、自分自身の戦略スタイルを見極めるための思考法です。

この理論は、ビジネスにおける戦略設計に関する自己認識を深める上で非常に有用です。実は、このゲームを真剣にプレイすることで、その人の「隠せない素」が露わになることがあります。なぜなら、ゲーム内でのプレイスタイルは、その人の性格や思考パターン、そして戦略的な傾向を如実に反映することが多いからです。

具体的に言うと、私は『ドラゴンクエスト』をプレイする際、経験値を大量にもらえる「メタルスライム」や「はぐれメタル」が出現する地域に差し掛かると、進行中の冒険を一時中断し、冒険（ストーリー）そっちのけでレベル上げに終始することがよくあります。戦闘を繰り返し、少しでも経験値を稼ぎ、キャラクターを強化することに全力を注ぐのです。

そして、圧倒的な戦力と完全な装備を整えた段階で、「流石にもう良いだろう」と、残りの物語を一気に進めるというスタイルを取ります。

この慎重かつ徹底した準備は、私の戦略的思考や、これまで述べてきた経営戦略…というか人間性そのものと、どうやらそのまま重なるようです。

ビジネスにおいても、安易にリスクを取るのではなく、しっかりと準備を整え、勝算が高まった段階で行動を起こすという姿勢が思い切り反映されているのが、自分でも良く分かります。

このような戦略的思考は、他の人にも見られるでしょう。たとえば、ゲームをプレイする際に「ダンジョン内の宝箱はすべて開ける」という徹底した探索型のプレイヤーもいれば、「とにかく負けても良いから物語をどんどん進めたい」というスピード重視のプレイヤーもいます。

前者は、リソースを最大限に活用し、あらゆる可能性を検討する慎重なタイプであり、後者はスピードと大胆な決断を優先する、挑戦的なタイプです。このように、子供のころからの遊びだからこそ、そのプレイスタイルには個々の戦略的性質（というよりも人間的本質）が恐ろしいほどに反映されており、それはそのままビジネスにおける戦略スタイルにも通じるものがあるのです。

「ドラクエ理論」は、自分自身や自社の性格を見極めるための有力な手法です。ゲーム内での選択や行動が、自然とその人の本質を反映するように、ビジネスにおいても自分に合った戦略を見つけることが重要です。

たとえば、冒険を進める際にリスクを冒して新しいルートを探すことを好むプレイヤーは、新規事業や革新的なプロジェクトに積極的に挑むタイプかもしれません。

一方、全ての準備を整えた上で慎重に進むプレイヤーは、リスク回避と安定した成長を重視するタイプでしょう。このように、自分のプレイスタイルを分析することが、そのまま、貴社がストレスを感じにくい、自社に最適なビジネス戦略の見極めに繋がるのです。

また、ビジネス戦略においては、他者の成功例をそのまま模倣することは、しばしば失敗の原因となります。なぜなら、戦略はその人や企業の独自性に根ざしたものであるべきだからです。

たとえば、それを成すために、私のようなコンサルタントと一緒に壁打ちをしながら考えることで、より精度の高い戦略を構築する方法もあることでしょう。

しかし、もし自分だけでそれを行うのであれば、自分がどのようなプレイスタイルを好むのかを分析し、そのスタイルに基づいた戦略を設計することが求められます。

これにより、戦略が自己の強みを最大限に活かす形で最適化され、長期的な成功への道を切り開くカギとなるのです。

この考え方を前述の「スピード感」に当てはめたとき、私のプレイスタイルには断トツの「安定性」があります。確実な勝利を目指すために、リソースを慎重に蓄積し、十分な準備を整えることを優先します。しかし、それは実は「リスク」も内在しています。たとえば、もし他のプレイヤーと「早期攻略」を競っていたならば、私はある段階までは大きなハンデを背負うことになるでしょう。

資本主義社会においては、基本的に「早期攻略」を成し遂げた者が勝者となります。だからこそ、スピードを重視し、リスクを冒してでも先んじることが求められる場面があるのです。パーティがボロボロになったとしても「たどり着けば勝ち」という考え方があることは厳然たる事実です。

このように、「どちらを遂行すべきか？」という問いに対しては、必ずしも「私の理論こそが最強」であるとは限りません。

むしろ、あなたに与えられた性質、リソース、そして目指すゴールによって、最適な戦略は異なるということが、この事例からも理解できるのではないでしょうか。

自分自身の性格やプレイスタイルを理解し、それに基づいた戦略を立てることで、ビジネスにおいても自然と最適な結果を導くことができるのです。

ビジネス戦略は、このように個々の性質や状況に応じて最適化されるべきです。他者の戦略を無理に模倣することは避け、自分自身に合ったアプローチを見つけ出すことが、長期的な成功への道を切り開くカギとなるのです。

この「ドラクエ理論」は、ゲームという一見単純な世界でありながら、弊社の本質や戦略的思考を見極める強力なツールとなり得ます。ビジネスにおいても、自分自身に合った最適解を見つけ出し、それに従って進むことで、成功の確率を大きく高めることができるでしょう。

第五条．目立つことはしない

「目立つことはしない」という戦略は、特に事業がある程度軌道に乗り始めたときに重要な意味を持ちます。この時期は、企業としての成長が加速し、注目を集める機会が自然と増えていくものです。

しかし、ここで戦略の方向性を誤ると、思わぬリスクに直面し、場合によっては致命的な結果を招くこともあります。

その代表的なリスクの一つが、ＳＮＳ活動によって生じるものです。ＳＮＳは情報発信の場として非常に強力なツールですが、一方で、過剰な露出が逆効果をもたらす可能性も高いのです。

事業が軌道に乗り始めた頃、私はＳＮＳでの積極的な情報発信を避け、慎重な姿勢を貫いてきました。ＳＮＳの即時性や拡散力に魅力を感じ、焦りや欲求に駆られて情報を早期に公開することは、競合の注目を引き、不要なリスクを生むことになります。

特に、事業の進捗を過大にアピールすることは、過度な期待を招き、場合によってはその期待に応えられなかったときの反動が大きなダメージとなります。また、ＳＮＳでは、その場の勢いに流されやすく、時には誤解を招いたり、意図しない形で情報が広がったりするリスクも伴います。

そのため、私は常に「焦る心を自重し続ける」という心構えを持ち、情報発信には細心の注意を払ってきました。

私が事業を立ち上げた当初から、明確な戦略として意識していたのは、実績（実例）を着実に積み上げ、コンサルティングのスタイルを確立し、商標を公的に抑えるまでは、一切メディアに出ないという方針でした。

この期間中、売上を劇的に伸ばすことや注目を集めることは一切考慮せず、地道に、そして確実に実績を積み上げ続けました。

それは、戦略の核となる「受注プロセス戦略」というワードが商標登録され、書籍が出版され、そして記事がメディアに出るその瞬間に、ブランディングの成果を最大化するための布石だったのです。

このアプローチは、戦略の一貫性を保つために極めて重要でした。短期的な利益や一時的な注目を犠牲にしてでも、中長期的な視点で確実に成果を得るための選択を行ったのです。

多くの企業が四半期ごとの業績に囚われがちですが、中長期の視点を持ち、目の前のリターンに惑わされずに戦略を遂行することが、成否を分ける重要な要素です。

このような判断を下すためには、「経営者としての視点と覚悟」が求められます。私は、目立つことを避け、静かに成長を続けることで、後に来るブランディングの瞬間を最大限に活かすための土台を築くことができました。

企業が市場で目立とうとする際には、常に競争相手が注目し、対抗策を講じてくるリスクがつきものです。特に、成功し始めたビジネスが競合に見つかると、彼らはそれに対抗するために資源を投入し、市場シェアを奪おうとします。

その結果、予期せぬ競争に巻き込まれ、リソースが削られることも少なくありません。私はこのようなリスクを回避するため、意図的に目立たない戦略を採り続けました。目立たずに実績を積み重ねることで、競合が気づいた時にはすでに手遅れとなる状況を作り出すことができたのです。

第六条：達成していないことは言わない

「目立つことはしない」という戦略に関連して、もう一つ重要な要素が「達成していないことは言わない」という心構えが重要です。

企業は、自社が開発中の新サービスやプロダクトについて、できるだけ早く市場に発信したくなることがあります。

特に、自信や情熱を持って取り組んでいるプロジェクトであれば、その想いを早く市場に届けたいという衝動に駆られます。しかし、この早期の情報発信は逆効果を生む可能性があり、競合他社に先んじられるリスクを増大させます。

市場において、未達成の情報を早期に公開することは、競合他社に先手を取られるリスクを増大させます。まだ成果が出ていない段階での情報発信は、競合に対して警戒心を抱かせるだけでなく、彼らにカウンタートークの材料を与えてしまうことにもなりかねません。特に市場で先行する大手企業やリソースに恵まれた競合がいる場合、彼らはその情報を基に模倣や対抗戦略を展開し、後発の企業に対して優位に立つことができます。

結果として、自社が本来の強みを発揮する前に競合に市場を抑えられてしまう可能性があるのです。

お恥ずかしながら、実際、私もかつてこのような状況に直面したことがあります。自社のキャッチコピーがあるインフルエンサーに(私は全然知らない人だったのですが)似た表現で使用されていると、知人より通報を受けたのです。

確認してみたところ、なるほど。たしかにそのキャッチコピーは彼の影響力により多くの支持を集めているようでした。当時、私はSNSでの情報発信を控えていたため、どうやら、そのキャッチコピーが結果的に彼のものとして認識されているようでした。

まあ、何を言っても状況が変わるでもなし、万が一「偶然の一致」もあり得ますから、そのまま放置していたのですが、しかし、後に振り返ると、その対応が最善だったと感じています。無理に対抗していたら、より大きなリスクを抱えていたかもしれません。

SNSという市場に出れば、フォロワー数や「いいね」といった表面的な数字で比較され、本質的には自社の売上に寄与しない指標に囚われてしまうことがあります。

SNS上での人気や注目度が必ずしもビジネスの成功に直結するわけではないため、戦場の選択が重要です。どの場面で戦うか、どのタイミングで情報を発信するかを決めることが、戦略の要となります。当時の私は、他社との差別化を図るための要素がまだ揃っていなかったため、あえて争うことを避け、ただ機会を待つという選択が正しかった訳です。

「争わず、目立たず、そして機会を待つ」という考え方は、特にリソースの限られた企業にとって非常に重要です。自分の立ち位置を理解し、どのような戦略を取るべきかを冷静に見極めることが、長期的な成功への鍵となります。焦らずに時機を見極め、しっかりと実績を積み上げてから勝負に出ることで、競合に先んじられない戦略を実行することができるのです。

これは、単なる忍耐ではなく、戦略的な自己管理とリソースの最適化による選択であり、企業の持続的な成長を支える重要な原則です。

【処方箋】目立つことはしない／達成していないことは言わない

「目立つことはしない」と「達成していないことは言わない」という二つの戦略は、表裏一体の関係にあります。

これらは単独で強力な戦略であるだけでなく、互いに補完し合うことで、企業が持つリスクを最小限に抑えつつ、確実に成果を積み上げるための堅固な基盤を形成します。

ビジネスの世界では、時に慎重な姿勢が攻めの姿勢と同等か、それ以上の効果を発揮することがあります。この二つの戦略を同時に実践することで、企業は外部からの予期せぬ脅威やリスクに対しても強い耐性を持ち、安定した成長を続けることができるのです。

私自身も、若いころは、いくつかの小さなイレギュラーを経験しました。

たとえば、競合に関する誤った情報発信や、期待を煽りすぎたプロジェクトの結果に悩まされたこともありました。しかし、これらの経験は大きなリスクには繋がらず、むしろ、より慎重に行動するための「気づき」として活用することができました。

このような失敗や学びを積み重ねることで、戦略の精度は高まり、次第にリスク管理の視点が洗練されていきました。そして、その結果として、現在の安定した事業運営が築かれているのです。

ビジネスの成功には、タイミングが極めて重要です。企業が持つリソースや戦略の手札は、適切なタイミングまで温存し、その時が来たら、一気呵成《いっきかせい》に展開することが求められます。

この「進退のタイミングを見極める」能力は、企業の成長や成功にとって非常に重要な要素です。すべての企業が右肩上がりで成長を続けるわけではなく、むしろ停滞や逆風の時期をどう乗り越えるかが勝敗を分けるポイントとなります。

成長の道筋は必ずしも直線的ではなく、曲がりくねった道のりを経て辿り着くものです。この道中での判断力が、企業の運命を決定づけます。


この戦略を実行するには、特に慎重さが要求されます。勢いに乗って拡大を急ぐことが時には必要ですが、その一方で、拡大を急ぎ過ぎた結果として、後戻りができない状況に追い込まれるリスクも伴います。

弊社が提唱する「受注プロセス戦略」は、このようなリスクを最小化するために設計されています。これは、常に自社が勝てる土俵を見極め、その土俵を何度でも再現できるようにすることを目的としています。

そのためには、必要なリソースを必要な場所に集中投下し、あらゆる活動を最適化することが求められます。

戦略の実行においては、「やるべきことを明確にする」ことが重要ですが、それと同等に「やらないことを決める」ことも重要です。ビジネスの現場では、あれもこれもと手を広げてしまいがちですが、結果としてリソースが分散し、効果的な成果を上げられないという事態に陥ることがよくあります。

そのため、リソースを最適に配置し、無駄を徹底的に排除することで、最大限の効率を追求することが、長期的な成功へのカギとなります。

多くの企業が、短期的な成功を目指してあらゆる手段に手を伸ばしますが、そのアプローチでは持続的な成長を実現することは難しいのです。

さらに、「目立つことはしない」という戦略は、企業が無駄な競争に巻き込まれることを防ぎます。市場において過剰に目立とうとすると、競合他社の注目を集め、対抗策を講じられるリスクが高まります。

特に、まだ十分に力を蓄えていない初期段階で目立つことは、企業にとって大きな負担となりかねません。これに対し、目立つことを避け、静かに成長を続けることで、競合が気づいた時にはすでに手遅れとなる状況を作り出すことができます。これは、長期的な視野で見たときに、企業の成長を支える重要な要素です。

「達成していないことは言わない」という戦略も、同様に重要です。ビジネスにおいて、未達成の目標やプロジェクトについて過度にアピールすることは、競合他社に対して警戒心を抱かせ、不要な対抗策を引き出す可能性があります。

さらに、市場に期待を抱かせておきながら、それを満たせなかった場合、信頼を失うリスクも伴います。企業の信頼は一度失うと回復が難しく、長期的なビジネスの成功に大きな影響を与えます。

したがって、達成していないことは言わず、確実に結果を出してから発表することで、企業の信頼性を維持し、リスクを最小限に抑えることができます。

結局のところ、戦略とは「やるべきことを決めること」だけではなく、「やらないことを決めること」にも等しく重要な意味があります。

これにより、企業は限られたリソースを最適に活用し、無駄なく目標を達成することが可能となります。この視点を持つことで、短期的な利益に惑わされることなく、中長期的な成長を見据えた戦略を遂行することができるのです。

戦略の本質は、いかにして「無駄を削ぎ落とすか」にあり、それが企業の競争力を高め、持続的な成功を可能にするのです。

これらの戦略を実践することで、企業は不必要なリスクを避け、堅実な成長を遂げることができます。

目立たず、達成していないことは言わず、慎重に行動することで、企業の競争力は自然と高まり、長期的な成功を手にすることができるでしょう。

この一貫したアプローチこそが、成功への最短距離であり、企業が市場で勝ち続けるための最も確実な方法なのです。

なぜなら、ビジネスとは結局「信頼関係の構築」なのですから。

転機～「角」を取った暁に／ブランディングとは何なのか？

さて、私はビジネス上で「角を取る」という表現を使う事があるのですが、これはマーケティングやビジネスにおける転機、つまり一気に戦力を展開し、攻勢に転じるための重要なタイミングを指しています。

これはまさに、リバーシ（オセロ）で「角を取る」瞬間と同じです。リバーシをプレイしたことがある方ならわかるでしょうが、このゲームでは、中途半端に自分のコマが点在している状態よりも、一見相手に囲まれているように見える状態から、逆転の一手を放つ方が、全てを一気にひっくり返すチャンスが生まれます。

この「角を取る」瞬間こそが、戦略を一気に攻勢に転じるための機会であり、ビジネスにおいても極めて重要な戦略的転換点なのです。

ビジネスの世界では、成功を収めるために「角を取る」瞬間を見極め、その時を待つ忍耐力が求められます。これは、単なる耐える姿勢ではなく、戦略的に準備を重ね、最も効果的なタイミングで行動を起こすための計画的なプロセスです。

長期間にわたり、地道に力を蓄え、機会が訪れるまでじっと耐え続ける。そして、決定的な瞬間に一気に行動を起こし、勝利を掴むのです。

私が、この書籍の執筆に至った理由も、まさにその「角を取った」認識に基づいています。つまり、既に「知れ渡ったところで、もはや打つ手はない」状況が出来上がっているからこそ、私はみずからの戦略を公開することができるのです。

振り返ってみれば、これらの実績を築き上げたのは、紛れもなく戦略とその徹底した実践です。

冒頭でも述べましたが、株式会社 Marketer's Brain は創業から6年目を迎えています。この短期間で、多くの企業が数十年かけて築き上げる価値を超える成果を達成できたのは、戦略の力と、それを実行に移したリソースの最適化によるものです。

この成功は、単なる幸運や偶然の産物ではなく、計画的で持続的な戦略の成果であり、その一環としての「角を取る」瞬間がもたらしたものなのです。

このようにして仕込んだリソースが大きく転換し、どれほどの金銭的価値を生んだのか？

その答えは、私がＣｈａｔ ＧＰＴ—４に、株式会社 Marketer's Brain と同等の価値を構築し、実績を保有し、メディア展開を実現するために必要な投資額について推計してもらった結果に表れています。

この結果を見たとき、私は改めて「ブランディングの力」の偉大さを実感しました。

以下がその推計に関するやり取りです。

【私からの質問内容】「株式会社 Marketer's Brain と同等の価値を構築し、実績を保有、メディア展開を実現するために必要と思われるマーケティング支援事業者の投資総額について、推計してください。」

【ＣｈａｔＧＰＴの回答】　株式会社 Marketer's Brain と同等の価値を構築し、実績を保有し、メディア展開を実現するためには、以下の要素に対する投資が必要です。それぞれの要素に基づいて総投資額を推計します。

1．事業構築と実績形成

マーケティング戦略の構築、競合分析、顧客セグメンテーション、ポジショニング戦略の策定、クライアント実績の獲得などが含まれます。これには、実績あるクライアントとの契約やコラボレーション、プロジェクト成功事例の蓄積が必要です。

推定投資額：２億円〜４億円

２．メディア展開とブランド構築

コンテンツ制作と配信、ウェブサイトやＳＮＳでの定期的なコンテンツ更新、ウェビナーやイベントの開催、メディアリレーションの強化が求められます。これにより、ブランド認知度を高め、オウンドメディアの運営を支えます。

推定投資額：１億円〜２億円

３．技術基盤の構築

デジタルプラットフォーム、ＣＲＭシステム、マーケティングオートメーションツール、データ分析基盤の整備が必要です。また、クライアントデータを保護するためのセキュリティ対策も欠かせません。

推定投資額：１億円〜２億円

４．チームと運営体制の整備

専門人材の採用と育成、内部体制の整備が必要です。特に、マーケティング戦略、デジタルマーケティング、ＰＲなどの各分野において、専門家を揃える必要があります。

推定投資額：２億円〜４億円

総投資額の推計

これらを合計すると、総投資額は６億円〜12億円の範囲が推定されます。この投資により、株式会社Marketer's Brainと同等の価値、実績、メディア展開を構築することが可能になります。この額は、事業の規模、目標市場、技術的な要件、ブランドの構築レベルに応じて変動します。

ＣｈａｔＧＰＴ—４の推計によると、株式会社Marketer's Brainと同等の価値を構築し、実績を保有し、メディア展開を実現するためには、総額６億円から12億円もの投資が必要とされています。

この数字は、マーケティング支援事業における戦略の実行とリソースの最適化がどれほどの価値を持つかを示しています。そして、これこそが、弊社が地道に積み上げてきた戦略の結晶であり、単なる数字以上の意味を持つものです。

では、この結果が示す「ブランディングの力」とは一体何なのでしょうか？

ブランディングとは、一朝一夕で築けるものではなく、長い時間をかけ、地道な努力と戦略の積み重ねによって構築されるものです。ブランディングは、単なるロゴやキャッチフレーズのデザインにとどまらず、企業の信頼性、価値、さらには顧客との深い関係性を表す総体的な要素です。

そして、それが市場に展開されるタイミングでは、指数関数的な成長を遂げることができます。

この成長が明示される時期には、競合他社は「この会社とまともに張り合うのは得策ではない」と感じるようになります。

つまり、彼らはリソースを別の方向に向けざるを得なくなり、結果的に、その企業は競争を避けながらも市場での優位性を保ち続けることができるのです。

「角を取る」という戦略的な転換点は、このように大きな影響を及ぼします。そして、ブランディングの価値を最大化するためには、戦略を持って継続的に取り組むことが不可欠です。戦略的な判断と行動は、単なるアイデアではなく、ビジネスの成功を左右する決定的な要素です。

このような転機を逃さず、的確に判断を下すことで、企業は競争の激しい市場においても、自らの存在を強固にし、持続的な成長を実現することができます。

株式会社Marketer's Brainと「受注プロセス戦略」が成し遂げた成功は、その戦略的な判断とブランディングの力によるものです。弊社は、長期的な視点で物事を見据え、リソースを最大限に活用することで、他社には真似できない独自の価値を築き上げました。

これこそが、戦略の持つポテンシャルであり、小規模な企業でも、戦略次第で大手企業に対抗し、成功を収めることができるという証明です。

ビジネスにおける「角を取る」瞬間は、戦略の頂点であり、企業が飛躍的な成長を遂げるための最も重要な機会です。その機会を逃さず、ブランディングを強化することで、企業は長期にわたって市場での優位性を保ち続けることができるのです。

弊社が成し遂げた「ブランディングとは何なのか?」という問いに対する答えは、このようなビジネス成功の秘訣に基づいた「戦略」だと言えるかと思います。

本章の気づきポイントまとめ

・成功する戦略は、外部環境や市場状況を的確に捉えた柔軟なアプローチが不可欠である。

・戦略が効果を発揮するためには、タイミングと実行の精度が重要な要素となる。

・既存のルールや常識にとらわれず、自社の強みを最大限に活かした独自の戦略が鍵となる。

第4章

後発のマーケティング戦略を実現する「逆論」とは

これまでの章で紹介した『非常識』な戦略は、従来のビジネス常識に反するように見えますが、実際にはマーケティング理論の進化に即した、合理的な手法でもあります。

たとえば、競争の激しい市場で差別化を図るために、従来の競争軸から外れる『ブルーオーシャン戦略』は、競争回避と新しい市場の創造を目指すもので、逆論のアプローチと共通点があります。逆論の戦略は、あえて主流の考え方を逸脱することで、新たな価値を生み出すことに成功しています。

また、心理学における『リフレーミング』の手法では、物事を異なる視点で再解釈することで、新しい解決策を見つけ出します。逆論のマーケティングも同様に、従来の枠組みを超えることで、企業が自らの強みを最大限に発揮できる戦略を見出すのです。

これらの理論は、逆論が単なる逆張りではなく、確固たる理論に支えられた戦略であることを示しています。

ビジネスの世界において、常に『正攻法』が最善とは限らないということを、本書と私自身の実践を通じて証明してきたつもりです。状況に応じた柔軟な戦略の採用が、現代の複雑なビジネス環境での成功を支えるのです。

つまり、弊社が採用してきたこれらの戦略は、単に常識を覆すだけの奇抜な手法ではありません。それは、実行者にとって確固たる論理に基づいた、戦略的な選択の集積です。

ビジネスにおける常識は、多くの場合、大手企業や市場の支配者層によって形成されています。彼らが築き上げたルールの上で戦う限り、後発企業は常に不利な立場に立たされることになります。

そこで弊社は、あえてその常識に挑戦し、逆論的なアプローチを取り入れることで、新たな市場での勝機を見出してきました。

本章では、さらに深く掘り下げ、弊社がクライアント企業様と共に成し遂げてきた、4つの「非常識」なアプローチについて詳しく解説していきます。これらは、弊社が後発のマーケティング戦略を成功させるために用いている、逆論的な手法です。

一般的には「成功のためには必ず行うべき」と考えられることを、あえて「やらない」ことで、競争優位性を築いてきたのです。この逆論的なアプローチは、単なる奇抜さを狙ったものではなく、現実的かつ論理的な判断に基づいています。成功への道は決して一本道ではなく、時には大きく回り道をするような戦略が、結果として最も効率的で効果的な手段となることもあるのです。

これから紹介する4つの逆論的なアプローチは、弊社が数々の実践を通じて培った、マーケティング戦略の核心部分です。それぞれのアプローチは、従来のビジネス理論やマーケティングの教科書ではあまり語られないものですが、弊社の経験に基づいた実証済みの戦略です。これらの戦略は、伝統的なビジネス手法に依存せず、むしろその枠を超えて新たな道を切り開くための武器となります。

以下に示す４つの逆論的なアプローチは、すべて「やらないこと」にフォーカスしています。

弊社は、これまでに数多くの「やるべきこと」に囚われた戦略を目の当たりにしてきました。しかし、成功を収めるためには、「やらないこと」を明確にすることが、いかに重要であるかを痛感しています。戦略とは、限られたリソースをどこに投じるかだけでなく、どこに投じないかを決めることに等しいのです。

それでは、弊社が採用している逆論的アプローチの概要を示しましょう。

第七条．人の採用はしない

多くの企業が成長を目指す際、まず最初に考えるのが「人材の確保」です。

しかし、受注プロセス戦略ではあえて人材の採用を制限し、リソースを集中させることで、より効率的な運営を実現しています。過剰な採用はコストを増大させ、管理の煩雑化を招きます。

弊社では、必要最小限の人材で、最大限の成果を追求できる戦略を取っています。

第八条．マーケターは指揮をとらない

一般的に、マーケティングの専門家が戦略の指揮を執ることが、多くの伝統的なメソッドでは推奨されていますが、受注プロセス戦略ではこの役割の一翼を最前線の営業部門やプロジェクトリーダーと連携させることで、より実践的で即応性の高いマーケティングを実現しています。

このように現場の声を直接反映させることで、顧客との関係を強化し、的確なアプローチを行うことが可能になります。これは「日本的にカスタマイズ（最適化）されたアプローチ」であることもまた、私は認識しております。

第九条．初期の広告費はほとんどかけない

広告はビジネス成長において重要な要素とされていますが、受注プロセス戦略では、特

に初期段階で広告費を抑えることで、リソースを他の戦略に投じています。

これにより、無駄なコストを削減し、より効果的なマーケティング手法を長期的に追求しているのです。広告をしかるべきタイミングまで我慢することで、高い成長を目指しているのです。

第十条・分析は最小限にとどめる

データ分析は現代ビジネスにおいて不可欠とされていますが、受注プロセス戦略では必要最小限の分析にとどめ、仮説や事実に基づいた意思決定と検証を優先しています。

過度な分析は、決断を先延ばしにするリスクがあり、迅速な対応が求められるビジネス環境では不利です。弊社では、シンプルかつ迅速な意思決定のルールを提供しています。


これらの手法は、一見すると企業成長に逆行するように思えるかもしれません。しかし、これらを実践することで得られる効果は非常に大きく、結果として企業の持続可能な成長を支える基盤となります。成功を収めるためには、時には従来の常識を捨て、「逆論的なアプローチ」を採用することが求められるのです。

これこそが、弊社のマーケティング戦略の核心であり、後発企業が大手企業に対抗し、成長を実現するための「道筋」です。

それでは、これらの逆論的アプローチがどのようにして成し遂げられているのか、その詳細を、順を追って紐解いていきましょう。

第七条．人の採用はしない

企業が存続し、成長するために不可欠な要素は「売上」です。この売上を確保することは、すべての企業経営者にとって最大の課題であり、その重要性は言うまでもありません。企業が抱える経営課題の多くは、最終的には売上に関連するものであり、これをどのようにして解決するかが、企業の命運を握る鍵となります。

一般的に、企業が直面する売上に関する課題は、次の４つに集約されます。

1．新規のお客さんが集まらない

新しい顧客を獲得することができず、売上が頭打ちになってしまう。

2．サービスが価格競争に陥り、利幅が低い

競争が激化し、価格競争に巻き込まれてしまい、利益率が低下する。

3．幅のある提案をしているのに特定のサービスしか売れない

多様なサービスを提供しているにもかかわらず、一部のサービスしか売れず、売上が偏る。

4．一見さんばかりでお客様が定着しない

一度きりの取引が多く、顧客がリピートしてくれない。

これらの課題は、いわゆる「売上の4原則」とも呼ばれ、すべての経営者が創業時から退任まで、常に頭を悩ませるポイントです。これらに適切に対応し、自社のスタイルを確立し、研鑽を重ねなければ、企業の存続に関わる致命的な問題となり得ます。

しかし、これらの課題を解決するためには、単に売上を上げるだけでなく、事業全体を見渡し、戦略的にアプローチする必要があります。

企業とは、市場の中で常に競争にさらされている存在です。自社が一生懸命に努力している間にも、周囲の企業がさらに多くの努力をしていれば、その差は広がるばかりです。最終的には、競争に勝てなければ、貴社は、市場から淘汰される運命にあります。

だからこそ、企業には「マーケティング戦略」が不可欠です。マーケティング機能は、

企業経営における売上を確保し、成長を支えるための「心臓」とも言える存在です。

営業と直結するこのマーケティング機能は、企業が存続し、成長し続けるために、常に強化されなければならない部分です。すべての経営者が同意するであろうこの「本質」は、企業の成功にとって欠かせない要素です。


しかし、ここで「人の採用はしない」という逆論的なアプローチが登場します。通常、企業が成長するためには、新たな人材を採用し、組織を拡大することが必要だと考えられています。特に、売上を上げるための営業力やマーケティング力を強化するために、人材の拡充は必須とされています。しかし、株式会社Marketer's Brainでは、あえて「人の採用は、行わなくても良い」という推進をしています。

その理由はシンプルです。人材の採用と育成には、膨大なコストと時間がかかります。さらに、適切な人材を採用し、彼らが実際に成果を上げるまでには、長い時間が必要です。

この過程で、企業は多くのリソースを消費し、その結果、売上や利益に直結しない負担が増えることがあります。そもそも採用が終わるまでマーケティングが始められないことそのものがもはや致命的とすら言えます。

逆に、人の採用を行わないことで、限られたリソースを効率的に活用し、企業の強みを最大限に、しかも迅速に引き出すことが可能になります。

特に、小規模な企業では、人的リソースの限界があるため、採用に依存せずに成長を目指す戦略が求められます。そのため、株式会社 Marketer's Brain では、採用を行わず、既存のリソースを最大限に活用し、効率的な経営を実現しています。

このようにして、「人の採用はしない」という逆論的なアプローチは、企業の持続的な成長を支えるための重要な要素となっているのです。この戦略は、すべての企業に適用できるわけではありませんが、リソースを効率的に活用するための一つの方法として、非常に有効であることが証明されています。

間違いがちなマーケティング戦略の「はじめの一手」

さて、経営者の方々が抱えるマーケティングに関する課題は深刻なものです。特に、これまでマーケティングにあまり力を入れてこなかった企業が、いざその重要性に気付き、急いで取り組もうとすると、しばしば「手っ取り早く効果を出せそうな方法」に飛びついてしまいます。

ここでは、そのような状況で、マーケティングの知識や経験が不足している企業が、ついついやってしまいがちな「間違ったはじめの一手」について解説します。

具体的には、以下の3つのアクションが代表的です。

1．マーケティング方面の採用を強化し、専門家を招聘してみる

新たにマーケティングの専門家を採用し、チームを強化しようとする。

2．社員全体のレベルの底上げのために研修を実施

全社的にマーケティングの知識を底上げするために、研修を実施しようとする。

3．マーケティングやインサイドセールスの連携力改善のために組織改編

組織内のコミュニケーションや連携を強化するために、組織改編を行う。

これらのアクションは、いずれも「やれば上手くいきそう」と思われがちなものです。

そして、実際に「やっている感」があるため、経営者や担当者も納得しやすい施策です。

しかし、これらの打ち手を戦略無しに実行すると、実は「博打」と変わらないリスクを伴うことになります。特に、企業の持つリソースや状況を無視して、これらをただ実行するだけでは、その効果は限定的であり、むしろ逆効果となるケースも少なくありません。

たとえば、これらのアクションには必ず「表裏一体」の側面があります。上記の「成功しそうな手段」の裏側には、以下のような「失敗例」が潜んでいます。

1．外部から招聘した専門家が、社内で孤立してしまう

新たに迎え入れた専門家がプロパー社員との関係を築けず、社内の空気が悪化する。

2．研修が形骸化し、実践に結びつかない

社員たちが危機意識を持たず、研修内容が浸透せず、実践されない。

3．組織改編が逆効果となり、業務効率が低下する

組織を改編した結果、会議が増えすぎて業務が滞り、結局元の体制に戻す羽目になる。

具体的に、1の「外部から専門家を招聘する」については、経営者が「新しい風を吹き込む」と考えた結果、却って社内の既存社員との関係性が悪化し、チーム全体の士気が下がるということがよくあります。特に、マーケティング人材が転職市場に出てくる背景には、「なぜその人が転職したのか」という根本的な疑問が隠されています。

私は試しにＣｈａｔＧＰＴに「転職理由のトップ10」を聞いてみました。その結果、以下のような回答が得られました。

1. キャリアアップ・スキルアップのため
2. 待遇・給与面での不満
3. 人間関係のトラブル
4. 業界・職種の変更
5. 仕事内容のマッチング不足
6. 働く環境や文化の違いによる不満
7. 職場の遠さ・交通の便の悪さ
8. 家庭の事情・プライベートの充実
9. 職場の安定性や将来性の不安

10．個人的な成長や興味のある分野で働きたいという理由

このように、転職理由の多くは「キャリアアップ」や「スキルアップ」といったポジティブな理由もありますが、「待遇の不満」や「人間関係のトラブル」といったネガティブな要素も多く含まれています。この背景を理解せずに、新たな専門家を招聘することは、組織内の調和を乱し、結果的に失敗するリスクが高いのです。

ここで、経営者のみなさまに問いたいのは、「チャレンジをしたい人」に「経営の命運を預ける覚悟があるのか？」ということです。本当に優れたマーケティング人材であれば、独立や起業を選ぶ可能性もあります。さらに、「相性問題」はどの企業にも存在するため、自社だけで絶対に発生しないとは言い切れません。

このようなリスクを理解した上で、それでも進めるかどうかを慎重に判断する必要があります。そして、判断を誤れば、採用した人材が思ったように機能せず、大きなコストだけが残ることになります。

そもそも「選手1人」で、チームは勝てるのか

企業とは「組織」であり、その運営にはチームプレーが必須です。人間関係や企業文化は、その根底にあります。

前述の転職理由を見ても分かる通り、仕事や企業文化、そして個人の相性が組織運営に大きな影響を与えます。いくら優秀な人材を招聘しても、その人が組織にうまく溶け込めなければ、チーム全体のパフォーマンスは上がりません。

これは、スポーツの世界でもよく見られる現象です。たとえば、特定のスタープレイヤーをオーナーがチームに加えたところ、チーム全体のバランスが崩れ、むしろ成績が悪化してしまうことがあります。また、最初は経験不足のチームが、戦術を浸透させ、全員がバランスよく機能することで強いチームに成長することもあります。

さらに、特定のスタープレイヤーに依存していたチームが、そのプレイヤーの離脱後に成績が大きく低下するという事例もあります。

これは、組織が大きくなればなるほど、個人への依存が減る一方、個人の離脱が与える影響が大きくなることを意味しています。

したがって、企業がマーケティング戦略を成功させるためには、まず「その企業文化に合わせた戦略」を確立し、その戦略を実行できるプレイヤーを育成するか、外部から招聘

することが必要です。この順序が間違ってしまうと、いくら優れた戦略や人材が揃っていても、企業全体の成長にはつながりません。

【処方箋】人の採用はしない～成果を出せるマーケティング組織になるために

では、マーケティング組織を強化するために、どのような打ち手を展開すれば良いのでしょうか？私はその選択肢を大きく分けて「2つしか存在しない」と考えています。

それが次の2つです。

1．外部の事業者に任せる

2．自らが出来るようになる

外部の事業者に任せる方法は、手軽で便利に見えます。特に「面倒なこと」を丸ごとお任せできる事業者が数多く存在するため、経営者にとっては魅力的に映るかもしれません。しかし、この方法には大きなリスクが伴います。

それは、先ほども述べたように、「経営の命運を他人に預け続ける」ことになるからです。

外部に任せる際には、そのリスクを十分に理解し、慎重に判断する必要があります。

もう1つの手段は、「自らが出来るようになる」ことです。これはシンプルですが、非常に効果的なアプローチです。すべてを自分でやる必要はありませんが、外部の事業者を使う際にも、彼らに「飲まれない」ために一定のスキルを身につけ、指示できるようになることが重要です。このスキルを体得し、それを基にしたオペレーションを体系化することで、持続可能な成長が可能となります。

株式会社Marketer's Brainの本業（および受注プロセス戦略）は、この「自らが出来るようになる」ための支援に特化しています。弊社では、企業が自立して成長できるように、基本の作法を教え、そのオペレーションをマニュアル化し、継承していく手助けをしています。私の目的は、クライアント企業が自らの力で成果を出せるようになることだからです。

「出来るようになる」の弱点とは？

さて、これまで「出来るようになる」ためのメリットばかりを強調してきましたが、このアプローチには「コインの裏側」、つまり弱点もあります。

それは、「自分でやらなければならない」という点です。

成功も失敗も、自らの手で行い、その結果に対して責任を取らなければなりません。これは、非常に大きな負担を伴うものであり、覚悟が求められます。また、結果を出すためには、地道な努力と継続的な努力が不可欠です。このプロセスは決して楽なものではなく、時間と労力を要します。

しかし、「案ずるより産むがやすし」という言葉があるように、実際にやってみると、それほど難しいことではないと感じることが多いものです。実際、弊社には、多くの実績があり、成功を支援してきた経験が豊富にあります。弊社は、クライアント企業が成功するための支援を全力で行っています。

もちろん、「面倒くさい」と感じる方や、「誰かに任せたい」と思う方は、外部に任せるのも一つの選択肢です。しかし、その結果がどのようなものになるかは、実際に体験してみなければ分かりません。最終的には、みなさま自身がどのようなアプローチを取るかを判断することが重要です。

それでも、「出来るようになる」ことは、企業にとって大きなメリットがあります。これにより、経営者自身が自信を持って行動できるようになり、キャリアの展望も広がることでしょう。やはり、「自分でやる」という経験は、他に代えがたい価値を持っているのです。

第八条．マーケターは指揮をとらない

企業にとって、マーケティングは成長戦略の中心となる重要な要素です。そのため、マーケティングにおいて指揮を執る人材がどのような特徴を持つべきか、またその役割がどのように設計されるべきかは、極めて慎重に考える必要があります。

しかし、ここで一つ問いかけたいことがあります。それは、

「貴社に、本当に長期的に寄与し、持続的に貢献できるマーケターとはどのような人物なのでしょうか？」と言う問いです。

多くの企業では、優れたマーケティングプロフェッショナルを採用することが、ビジネスの成功に不可欠であると考えられています。確かに、多くの実績を持ち、確実な成果を出すプロフェッショナルは、常に高い成果を追求し、その過程で「真に優秀である」という評価を受けます。

しかし、このような人材は、往々にして自らの力を試すために独立し、事業を起こす道

を選ぶことも少なくありません。彼らは、既に確立されたスキルや知識を持ち、自分自身のビジョンに基づいて行動したいという強い願望を持っているからです。

ここで注目すべきは、彼らが持つ「優秀さ」とは、必ずしも企業の成長を長期的に支える要素にはならないという点です。

優秀なマーケターが短期間で高い成果を上げたとしても、彼らがいなくなった後に企業がその成果を持続できるかどうかは別問題です。企業にとっての真のマーケティングの成功は、個々の才能によってのみ支えられるものではなく、むしろ企業全体の組織力やリソースをいかに最適化し、持続的に成果を生み出す仕組みを構築できるかにかかっているのです。

この観点から、弊社が提唱するのは、「マーケターは指揮をとらない」という戦略です。従来の王道とされているビジネスモデルでは、マーケティング部門のトップが戦略の指揮を執り、全体の方向性を決定する役割を担うことが一般的です。

しかし、弊社ではあえてその役割を最前線の営業部門やプロジェクトリーダーから構築頂くことで、より「現場」に通じる、実践的で即応性の高いマーケティングを実現しています。

そして、マーケティング組織はその「現場」を再現するために「営業」や「開発」をつなぎ、「扇の要」のように「支える」ことに特化するのです。これは日本企業の組織・文化ともマッチしやすいひとつのカタチだと思います。

なぜこのようなアプローチが有効なのか、その理由は単純です。現場で直接顧客と接する人々は、日々の業務を通じて顧客のニーズや市場の動向を最もよく理解しています。

彼らが戦略の最前線に立つことで、より的確でタイムリーな意思決定が可能となり、迅速に対応できる柔軟な組織が生まれます。これは、マーケティング部門が中心となって指揮を執る海外のトップダウン型の戦略に比べ、（特に日本では）現実に即したアプローチと言えます。

たとえば、弊社が成功を収めた具体的な事例として、「受注プロセス戦略」を活用したクライアント企業の成功ストーリーがあります。この企業の商材は、ＥＣのみの取り扱いだった商材が、リアルな市場に進出し、最終的にはカンヌ映画祭のパーティで公式採用に至ったというものです。

この施策は、驚くほどの成功を収め、多くの人々から「リソースの追加がないにもかかわらず、なぜこれほど大きな成果を達成できたのか？」という質問を受けることとなりました。

この成功の背景には、実は「マーケターが指揮をとらない」というアプローチがありました。これは、従来の考え方では想像もつかないほどの成果をもたらすことが証明されたのです。

このような成果がスポーツの世界にも見られるのは偶然ではありません。

たとえば、野球やサッカーなどのチームスポーツにおいて、選手の入れ替えやフォーメーションの変更など、戦略や戦術の切り替えが行われることは珍しくありません。しかし、重要なのは、そうした変更が「そのチームだからこそ機能する」という点です。

どれほど優れた選手や戦術であっても、チーム全体がそれに対応できなければ、結果を出すことはできません。同様に、ビジネスにおいても、組織全体が戦略に基づいて一丸となることが求められるのです。

もう一つの重要なポイントは、「元々会社を愛している人材がマーケティングを学び、成果を出すことで、組織に対するロイヤリティが強化される」という事実です。

多くの企業は、このシンプルな構図を理解しつつも、外部から「一人の天才マーケターを招聘すれば、会社が変わる」といった妄信に陥りがちです。

しかし、このアプローチには大きなリスクが伴います。外部からの招聘者が必ずしも企業文化にフィットするとは限らず、彼らのスキルが組織全体に広がらないまま終わってしまうケースも少なくありません。

結局、組織の成長を支えるのは、外部のスター（ボス）ではなく、内部から育成されたリーダーたちなのです。

そのため、弊社の戦略では、優れたマーケターがすべてを指揮するのではなく、組織全体が自律的に機能する体制の構築を重視しています。これにより、一人のカリスマ的存在に依存するあらゆるリスクを避け、持続的かつ安定的な成長を目指すことが可能です。

このアプローチならば、各企業の状況に応じて柔軟に適用でき、企業全体が一体となって目標に向かうためのカスタマイズが可能です。その結果、他社が容易には模倣できない独自の競争優位性を築くことができます。

総じて、「マーケターは指揮をとらない」という考え方は、企業にとって効果的な戦略の一つであり、長期的な成功を支える重要な要素となり得ます。この方法により、企業は特定の人材の能力に依存することなく、組織全体で成果を出し続けることができます。

【処方箋】人の採用はしない～遠回りに見えても、貴社への「最適化」が加速のカギ

現代の企業経営において、人材は確かに重要な資源であり、特にマーケティング部門において優秀な人材を確保することは、成功の鍵となり得ます。

しかし、私がこれまで支援してきた50社以上の企業との関わりを通じて感じたのは、「人材の採用に依存しない」という逆論的な戦略の重要性です。なぜなら、どれほど優れた人材であっても、その人一人に依存する組織は、長期的な視点で見れば脆弱だからです。

私が関わった企業の中で、同じ戦略や手法を用いたにもかかわらず、まったく異なる結果が生まれたケースが多々あります。これは、企業ごとの課題、リソース、目標、さらには組織文化や市場環境が異なるためです。

したがって、どの企業にも「万能な型」が存在するわけではなく、各企業が自社に最適化された戦略を構築し、それに基づいて成長していく必要があります。この「最適化」のプロセスこそが、持続的な成長を実現するための鍵となります。

一見すると、この構築のプロセスは時間がかかり、遠回りに見えるかもしれません。しかし、実際にはこのプロセスが、貴社の地力を強化し、持続可能な成長をもたらす最も確実な方法なのです。

昨今、可能な限り短期間で成果を上げようとする経営者が増えていますが、私が提案す

るのは、一時的な成功を追い求めるのではなく、長期的な視点を持ちつつ、腰を据えて取り組む姿勢です。これにより、企業は短期的な利益に惑わされず、持続可能な成長を遂げることができます。

このアプローチの中心にあるのは、優秀なマーケターを「指揮官（ボス）」として据えるのではなく、企業全体が戦略を理解し、それを実行するための体制を整えることです。つまり、マーケティングの成功は、一人の人材に依存するのではなく、組織全体の力で成し遂げるべきものであるという考え方です。これにより、企業は単に「人材に依存する」のではなく、全員が「自ら考え、行動する」組織へと進化することができます。

さらに、このアプローチを実践することで、貴社にとっての「勝ちパターン」が生まれます。

それは、単に戦略を知識として学ぶだけではなく、実際に現場で体得し、経験を積むことで初めて形成されるものです。

そして、このプロセスを経て得られた知識やスキルは、企業全体に浸透し、やがて自律的に波及していきます。結果として、組織全体が自社に最適な戦略を持ち、その戦略を強力に実行する力を手に入れることができるのです。

このようにして生まれた「自らが出来るようになる」力こそが、企業に持続可能な成長をもたらします。

マーケティング戦略を外部の専門家に委ねるのではなく、企業自身が自らの手で構築し、実行することで、企業は独立性を持ちながらも強固な基盤を築き上げることができます。これが、真に持続可能なビジネスの条件であり、私が提案する「受注プロセス戦略」の核心なのです。

結局のところ、「マーケターは、扇の要として組織をまとめながらも、指揮はとらない」というアプローチは、企業にとって最も合理的であり、長期的な成功を確実にするための最善の方法のひとつだと経験則からも感じます。

優れた人材を採用することは確かに大切ですが、その人材に依存することなく、組織全体で成果を追求する姿勢を持つことが、企業の持続可能な成長を支える真の力となるのです。

第九条．初期の広告費はほとんどかけない

多くの企業が、マーケティング戦略の一環として広告費を大きく割り当てるのは、ごく一般的なアプローチです。広告は、ブランド認知度の向上や新規顧客の獲得、製品やサービスのプロモーションにおいて重要な役割を果たすとされています。

しかし、ここで弊社が提唱するのは、特にＢ to Ｂビジネスにおいては、初期の広告費を極限まで削減し、他の戦略にリソースを振り向けるという逆論的なアプローチです。

従来のマーケティング理論においては、広告費の投入が売上の増加に直結するという前提が広く受け入れられています。広告が消費者の目に触れることで、ブランドの認知度が向上し、その結果として販売が促進されるという考え方は、数十年にわたって多くの成功事例を生み出してきました。

しかし、デジタル時代の到来とともに、このモデルは徐々に変化しつつあります。消費者は情報に対してより選択的になり、広告が持つ影響力も以前ほどの力を持たなくなってきました。

このような背景を踏まえ、株式会社Marketer's Brainでは、特に初期段階においては、

広告費を最小限に抑える戦略を採用しています。

これにはいくつかの理由がありますが、その最も重要なポイントは、「広告に依存しなくても成長できる素地をまず、作る」いう考え方です。

広告に大きな投資を行わないことで、弊社は他の重要な活動にリソースを集中させることができます。具体的には、クチコミや紹介による信頼性の高い顧客獲得、既存顧客との関係強化、そして提供するサービスや製品の品質向上に注力しています。

この戦略の効果を最大限に引き出すためには、「まずは、売れるところから」というアプローチが欠かせません。

つまり、いきなり広範な市場を対象にするのではなく、既存顧客などの特定の「わかりやすいセグメント（属性）」に対してアプローチを開始するのです。

この方法により、弊社のお客様は限られたリソースを効率的に活用し、確実に成果を上げることができました。これに加え、顧客との直接的な関係を重視し、彼らが真に価値を感じる体験を提供することに重点を置いています。その結果、自然とブランドロイヤリティが醸成され、持続的な成長が可能となるのです。

さらに、このアプローチは、企業の信頼性や評判を高める上でも非常に有効です。広告によって得られる認知度は一時的なものである一方で、クチコミや紹介によって築かれる信頼は長期的に持続します。

広告に頼らないことで、弊社は本質的な価値を提供し続けることができ、その結果として顧客からの信頼を得ることができるのです。この信頼こそが、持続可能なビジネスの基盤となります。ＢtoＢビジネスにおける、その最たる手段は「事例」などの採用です。

当初の段階で、一定、広告費を制御することで、企業は他の重要な分野にリソースを再分配することが可能になります。たとえば、Ｒ＆Ｄ（研究開発）やカスタマーサポート、さらには従業員の教育やトレーニングに投資することができます。これらの分野に注力することで、企業は内部の強化を図り、結果として市場での競争力を高めることができます。

特に、デジタル時代においては、顧客の声やフィードバックを迅速に反映させ、製品やサービスの改善に繋げることが、競争優位性を確保するために欠かせません。

また、当初に広告に依存しない戦略は、企業の独自性を保つ上でも重要です。広告を大量に投入することで市場での存在感を高めることはできますが、その反面、他社と同じ土俵で戦うことになり、差別化が難しくなります。

弊社では、まずは広告ではなく、独自の価値提案を通じて市場でのポジションを確立し、他社とは一線を画す戦略を取ることを推奨しています。この戦略により、弊社は広告費を削減しつつも、より効果的に市場でのプレゼンスを確保することができています。

総じて、「初動のタイミングでは、広告費はほとんどかけない」というアプローチは、B to Bビジネスを営む企業にとって非常に効果的な戦略となり得ます。広告に頼らないことで、他の重要な活動にリソースを振り向けることができ、結果としてより持続可能な成長を実現することも可能なのです。

この戦略を通じて、企業は単なる広告による短期的な成果に依存せず、長期的な視点での成長を追求することができるのです。

だからこそ、広告を投下するときは「勝ちパターンが見えており、それを最大化するタイミング（フェーズ）」であることこそが「理想」なのです。

【処方箋】初期の広告費はほとんどかけない

ところで、突然ですが、あなたの会社の社員やスタッフは、貴社の製品やサービスが「なぜ売れているのか?」を明確に説明することができるでしょうか?私は、クライアント企業とプロジェクトを進める際に、最初に必ずこの質問を投げかけます。
ところが、多くの企業では、この質問に対する答えが「統一見解」として共有されていることは、ほとんどありません。これは、企業が抱えるマーケティング課題の根本的な問題を浮き彫りにしているのです。

多くの企業では、営業活動が「勘・経験・引き出し」に依存しており、その知識や経験が言語化されていないために、組織全体で共有されていないという状況が見受けられます。言語化されていない知識は、結果として「可視化されていない」ことを意味し、そのために「しくみ化できていない」状態が続いているのです。これでは、企業が市場で競争力を持つことは困難です。

このような状態にもかかわらず、多くの企業が「まず広告を打つ」という行動に出てしまいます。

しかし、このアプローチは練度の低い戦術を無計画に展開しているに過ぎず、その結果、市場での成功を収めることは非常に難しいのです。

重要なのは、広告を打つ前に、自社の戦略がどれほど精緻に構築されているか、そしてその戦略を実行するための体制が整っているかという点です。

なぜ私が、広告費を最初にほとんどかけないことを推奨するのか？

その理由は非常にシンプルです。広告戦略が失敗した場合、その原因が「訴求内容の誤り」なのか「訴求対象の誤り」なのかを明確に見極めることができなくなるからです。

広告は、確固たる戦略があり、成果が見込めるタイミングでこそ最大の効果を発揮します。そのため、広告を投入するのは、戦略が確実に機能し、見込み客が確実に獲得できる状態であることが前提となります。

私が何度も述べているように、弊社が目指す理想のビジネスモデルは「戦略だけで収益を最大化する」しくみ化であり、「１００の引き合いから10の商談化」ではなく、「10の引き合いから10の受注を得る」という理想的な世界です。

この理想に基づけば、広告戦略もプロセスの一環として捉えられ、戦略の最終段階でのみ発動されるべきものです。

とはいえ、皆さんにご安心いただきたいのは、貴社の営業人員が既に持っている「勘・経験・引き出し」は存在しているということです。

やるべきことは、それを言語化し、可視化して、「しくみ」として繋げることです。

これがシンプルながらも効果的なアプローチです。ゼロから何かを生み出す必要はなく、既存の知識や経験を整理し、適切に活用するだけで十分なのです。

弊社が公式サイトで「最短3カ月での改善」を謳っているのも、このシンプルな手法に基づいているからに他なりません。広告に頼らずとも、しっかりとした戦略と準備が整っていれば、初動での改善が可能なのです。

もちろん、企業戦略上、各種の広告を並走することは数多くありますし、それは一般的にも理解しておりますが、BtoBビジネスの本当の初動においては、本来の広告を打つのは、それが「出来た段階から」でも十分に事足りるケースが多いのです。

第十条　分析は最小限にとどめる

多くの企業が成長を目指す際に、さまざまな戦術や手段を試みることは、ビジネスの世界で自然な反応です。市場のニーズに迅速に応え、競争優位性を確保するために、新しいアイデアやアプローチを積極的に導入しようとする姿勢は、経営者にとって欠かせないものです。

特に、現代のビジネス環境では、技術の進歩や消費者の期待の変化が激しく、その変化に対応するための柔軟な戦略が求められます。経営者は、これらの要因を常に意識し、企業が適切な戦術を採用できるように努めることが重要です。

しかし、こうした試行錯誤が積み重なる中で、企業はしばしば自らの方向性を見失い、迷走するという共通の落とし穴に陥ることがあります。特に、複数の戦術を同時に試みようとする際に、このリスクは顕著です。それぞれの戦術が独立して実行される場合、その全体像を見失うことがあり、結果として、企業は本来目指すべき方向から逸脱してしまうことがあります。

この迷走を引き起こす主な要因の一つが、過剰な「分析依存」です。企業が成長を模索する過程で、膨大なデータを収集し、それを細かく分析することは、一見すると理にかなった行動に思えます。データ分析は、正確な意思決定を支える重要なツールであり、競争の激しい市場環境においては不可欠なものです。

しかし、分析にあまりにも多くのリソースを費やすと、企業はその過程で本来の目標を見失いがちです。戦略の目的が分析に依存するあまり、手段が目的化してしまう危険性があります。つまり、企業が何を目指していたのかが曖昧になり、結果として戦術そのものが自らの足かせとなってしまうのです。

特に、複数の戦術やアプローチを同時に実行しようとする場合、これらを評価するための分析がさらに複雑化し、企業はその中で行き詰まることがよくあります。たとえば、異なる戦略が相互に矛盾することがあり、その矛盾を解消するための追加的な分析が求められる場合、意思決定が遅延し、結果としてビジネスの成長が阻害されることがあります。

また、複雑な分析に依存しすぎると、データが示す結果に固執しすぎて、柔軟な対応ができなくなることも少なくありません。

結局のところ、過度の分析依存は、企業にとって致命的な結果を招く可能性があります。本来のビジネス目標を達成するためには、データに基づいた分析も重要ですが、それ以上に、適切なタイミングで行動に移すことが求められます。

複雑な分析に時間を費やしすぎることで、企業は市場の変化に対応できなくなり、競争に負けるリスクが高まります。したがって、企業は過剰な分析を避け、重要なデータに集中し、迅速な行動を重視する必要があるのです。

弊社がサポートするクライアントには、大きく分けて二つのタイプがあります。

一つ目は、「何もないところからスタートしたい」というお客様です。

これらのクライアントは、新規事業を立ち上げる際や新しい市場に進出する際に、どこから始めるべきかを模索しています。彼らはまだビジネスの基盤が整っていない状態で、アイデアや計画を具体的に進めるための戦略を必要としています。

たとえば、新規事業の立ち上げや新しい市場への参入を考えている企業が、このタイプに該当します。彼らは、何もないところからビジネスを構築するというチャレンジに直面しており、スタート地点の選定や戦略の策定に苦心しています。

弊社では、彼らが直面するこの課題に対して、ゼロから戦略を構築するためのサポートを提供しています。

二つ目は、「既に様々な手段を講じてきたが、今は行き詰まっている」というお客様です。これらのクライアントは、既に一定の戦略や手段を試みたものの、その結果に満足しておらず、現状の改善や突破口を求めています。

特に後者のクライアントに共通して見られる課題は、過度な分析とそれに伴う迷走です。彼らは、さまざまな戦術や施策を試してきた結果、情報過多や選択肢の多さに圧倒され、どの方向に進むべきかを見失っているのです。戦術が複雑化し、どの手法が最も効果的かを判断するのが難しくなっている状況が多く見受けられます。

多くの企業が複雑な問題に直面した際、まずは外部の専門家に頼ることを選択します。これは合理的なアプローチに見えますし、実際に専門家の知見が役立つことも多々あります。専門家の視点やアドバイスは、企業の戦略を見直し、新たな道を示す手助けとなることがあります。

しかし、こうしたアプローチを繰り返すうちに、企業は自らの判断力を徐々に失い、外部の助言に過度に依存するようになってしまいます。外部からの助言が確かに有益であっても、それが必ずしも自社に最適とは限らず、外部の意見に頼りすぎることで、企業の自主性が失われる危険性があります。

最終的に直面する問題は、「外部からの助言が本当に正しいのか、自分たちでは判断できない」という状況です。これにより、企業は自らの進むべき道を見失い、ただ分析に頼り続けるだけでは、問題の本質にたどり着くことはできません。

過剰な分析は、行動を遅らせ、企業が本来目指すべき方向から逸脱させるリスクを伴います。したがって、重要なのは、外部の助言を参考にしつつも、自社の状況に応じた判断を行い、適切なタイミングで行動に移すことです。企業が持つべきは、必要な情報を収集しつつも、その情報に依存しすぎないバランス感覚です。

そんな企業に対し、弊社が提案するのは、「分析を最小限にとどめる」という逆論的なアプローチです。

このアプローチの本質は、すべてのデータを細かく分析するのではなく、最も重要な指標に焦点を絞り込み、その結果を迅速に行動に移すことにあります。

分析は、行動を支えるための「手段」であり、それ自体が「目的化」してはいけません。データ分析に過剰なリソースを費やすことで、行動を遅らせるのは本末転倒です。むしろ、必要な情報を効果的に活用し、核心となる要素にフォーカスすることで、企業はシンプルかつ効果的な戦略を構築することができるのです。

たとえば、膨大なデータを詳細に分析しすぎると、時間とリソースが消耗され、重要な決断が先延ばしになる危険性があります。過剰な分析は、意思決定を複雑化し、最終的には企業全体の機動力を損なう結果につながります。

このため、弊社では、重要なデータに絞り込み、即座に行動に移すことの価値を強調しています。行動こそが結果を生むのであり、行動を遅延させる余計な分析は、避けるべきです。

さらに、分析を最小限に抑えることで、企業はより迅速かつ柔軟な意思決定が可能となります。

現代のビジネス環境では、市場の変化に素早く対応することが求められます。複雑な分析に時間をかけすぎると、その間に市場の動向が変わり、チャンスを逃すリスクが高まります。特に競争の激しい市場では、スピーディーな意思決定が競争力の鍵となります。

分析を簡素化し、直感的で経験に基づく判断を重視することで、企業は変化に適応しやすくなり、持続的な成長を遂げることができるのです。

このアプローチは、単に「やらないこと」を決めるのではなく、「やるべきこと」に集中するという積極的な選択です。シンプルで効果的な戦略を追求し、企業が直面する課題をクリアにし、持続可能な成長を実現するために、行動を最優先とする姿勢が必要です。

これにより、企業は迷走することなく、目標達成に向けて確実に前進することができるのです。

また、分析を最小限にすることで、企業は過度な情報に惑わされることなく、シンプルで明確な戦略に集中できるようになります。情報があまりにも多すぎると、重要な判断が先送りされ、最終的には決断の遅れが企業全体に悪影響を及ぼすリスクが高まります。特に、複雑なデータや多岐にわたる情報が絡み合うと、意思決定者はどの要素が本当に重要かを見極めることが難しくなります。

これが結果として、戦略の一貫性を失い、組織全体が混乱する原因となるのです。

シンプルな戦略は、組織全体に共有されやすく、一貫した行動を促進します。これにより、全員が同じ方向に向かって進むことが可能となり、組織の統一感が自然と高まります。統一された行動は、個々のメンバーが持つ力を最大限に引き出し、チーム全体がより強固な成果を生み出すための基盤を形成します。また、シンプルな戦略は、企業のビジョンやミッションと一致しやすく、組織の文化や価値観とも調和しやすいという利点もあります。

これにより、戦略の実行が一貫性を持って進められ、組織全体が持続的に成長していく道筋が見えてくるのです。

結局のところ、「分析を最小限にとどめる」という戦略は、企業のリソースを無駄なく活用し、より効果的な行動を促すための実践的なアプローチです。多くのデータを収集し、詳細な分析を行うことが必ずしも悪いわけではありませんが、その分析結果が実際の行動に結びつかなければ、何の意味もありません。

企業が真に目指すべきは、データに基づく迅速かつ的確な意思決定と、シンプルでありながらも効果的な戦略の構築です。このアプローチこそが、迷走することなく、持続可能な成長を実現するための最善の方法です。リソースを有効に活用し、組織全体の力を結集させることで、企業は長期的な成功を確保し、競争の激しい市場で確固たる地位を築くことができるでしょう。

多くの支援事業者がクライアントとの間で陥る「最後のジレンマ」

企業が外部の支援事業者に依頼することは、ビジネスの成長を促進するための一般的かつ効果的な手段です。特に、専門性が高く、実績のある支援事業者に相談することで、企業は新たな視点を得ることができ、より効率的かつ効果的な戦略を実行することが期待されます。外部の知見を活用することで、企業が直面している課題を解決し、成長のための新たな道筋を見つけることができるのです。

しかし、こうした外部支援には、時として深刻なジレンマが伴うことがあります。これは、多くの支援事業者がクライアントと向き合う中で直面する、いわば「最後のジレンマ」と呼べるものであり、その根深さから、多くの企業や支援事業者が直面する非常に難解な問題でもあります。

このジレンマの核心には、支援事業者が自らの理論やアプローチが「絶対に正しい」と信じていることがあります。

彼らは、これまでの経験や成功事例を基に、最良の方法を提供しているという強い信念を持っています。もちろん、彼らはクライアントの成功を心から願っており、そのために全力を尽くしています。

しかし、問題は、支援事業者の強い信念が時としてクライアントとの間に大きな溝を生む原因となることです。支援者の側にとって「正しい」とされるアプローチが、必ずしもクライアントにとって最適な解決策とは限らないという現実が、ジレンマを引き起こします。支援事業者は自分たちの方法に自信を持っているがゆえに、クライアントが持つ独自の背景やニーズを見落としがちになり、結果としてクライアントの期待を裏切ることがあります。

このジレンマのもう一つの側面は、支援事業者が自身のアプローチを押し通すことで、クライアントの意思決定に過度に影響を与えてしまうという点です。支援事業者は、自分たちの方法が最も効果的であると信じており、それをクライアントに強く推奨します。しかし、クライアントは自社の文化や目標、現実的な制約を抱えており、支援事業者の提案がそれらと必ずしも一致しない場合があります。この結果、クライアントは自らの判断を信じることができなくなり、最終的には支援事業者のアプローチに依存する形になってしまいます。

さらに、支援事業者がクライアントに対して持つ強い信念が、クライアントの側に不安を与えることもあります。特に、支援事業者が過去の成功事例に基づいて強力な提案を行う場合、クライアントはその提案に対して圧迫感を感じることがあります。

クライアントは、支援事業者の提案が成功するかどうかを確信できず、それがリスクと感じられることがあります。このような状況では、クライアントは支援事業者の提案に従うべきか、それとも自社の直感に従うべきかで迷い、結果として決断が遅れることがあります。

この「最後のジレンマ」は、支援事業者とクライアントの双方にとって大きな課題です。支援事業者は、クライアントの成功を支援するために最善を尽くしますが、その過程で自分たちの方法が必ずしも最適でない可能性を認識しなければなりません。また、クライアントは、外部の助言を受け入れつつも、自社のニーズや目標に合った決定を下すために、自らの判断力を維持する必要があります。

このジレンマを解消するためには、支援事業者が柔軟性を持ち、クライアントとの対話を重視することが不可欠です。クライアントとの信頼関係を築き、相互理解を深めることで、双方が満足のいく成果を得られるようになるのです。

「私は、君の幸せを思ってアドバイスしている」という言葉について考えてみる

この言葉を聞いて、少しでも反発や違和感を覚えた経験がある方は少なくないでしょう。私たちは、恋愛や仕事、人生の大切な場面で、親族や友人、上司からの「善意のアドバイス」を受けることが多々あります。

しかし、こうした善意が逆にストレスを生むことがあります。助言を受けた側が「自分の意見や感情が軽視されている」と感じた場合、その結果として助言自体に反発する傾向があります。これは、助言者が「自分の正しさ」を前提にしているためです。

ビジネスの現場でも、同じ構図が見られます。たとえば、企業が「コンテンツマーケティングがうまくいかない」という問題に直面しているとします。一般的な助言として、「コンテンツの量が足りない」「戦略が王道ではない」などの指摘がよくなされますが、もしクライアントがその助言に疑問を持った場合、不安が生じることがあります。

この疑念を解消できないまま戦略を進めると、結果としてその不安が大きくなり、最終的には助言に対する不満や不信感が高まってしまいます。

この問題がさらに複雑になるのは、クライアントと支援事業者の関係が「一方的な信頼」に基づいている場合です。企業は、専門家に依頼することで問題が解決されると期待しますが、時には専門家の意見が企業の内部事情や文化と合致しないことがあります。

こうした状況下で、「最後のジレンマ」が生じます。すなわち、外部からの助言が本当に正しいのかどうか、企業内部で判断できない状況が生まれるのです。

「私は、君の幸せを思ってアドバイスしている」という言葉が示すように、善意から出された助言が必ずしも受け手にとって最適とは限らないのです。

受け手は時として、自らの価値観や経験に基づいて助言を拒絶することがあり、これはビジネスでも同様です。クライアントと支援事業者の間にある「最後のジレンマ」は、双方が自分の立場から考える「正しさ」を主張することで生まれます。

専門家の知見が優れていても、クライアントの文化や現実に合わない場合、信頼が揺らぐことになります。これが、ビジネスにおけるジレンマを引き起こし、最終的に双方にとって不満足な結果につながるのです。

要するに、この言葉が示すのは、善意の助言が必ずしも受け手にとって正しいものではないという現実です。ビジネスにおいても、専門家のアドバイスが必ずしもクライアントにとって最良の解決策とは限らず、その助言が逆に問題を複雑化させることがあります。

このジレンマを解消するためには、双方が相互理解を深め、柔軟性を持って対応することが求められます。

このような状況では、企業が外部の支援事業者に過度に依存することで、自社の判断力を失い、戦略が迷走するリスクが高まります。

特に、外部の助言に多額の費用を投じている場合、その影響は一層深刻です。企業が自らの本来の強みや方向性を見失い、外部の「正しいとされる」意見に従い続けることで、結果的に企業は自らの本質を見失う危険性があります。

まず、外部支援事業者に依存することで、企業は内部の意思決定能力を低下させるリスクがあります。外部の専門家に頼ることは、特定の課題や分野での経験や知識を活用する上で効果的です。

しかし、企業が外部の意見に過度に依存すると、自社の意思決定力が損なわれ、自らの判断に自信を持つことが難しくなります。企業の内部には、その独自の文化、価値観、そして経験が存在します。これらは、外部の専門家が持ち得ない重要な要素です。

しかし、外部の助言を重視しすぎると、企業はこれらの独自の強みを見落とし、自社の本来持つべき方向性を見失うリスクがあります。

さらに、外部支援事業者の提案は、往々にして標準化された方法論や過去の成功事例に基づくものであり、それが必ずしもその企業にとって最適な解決策とは限りません。

企業が外部の助言を唯一の判断基準とするようになると、自社の独自性や創造性が失われ、画一的な戦略に陥る危険性があります。

　このような状況では、企業は自らの意志で舵を取ることが難しくなり、最終的には外部の専門家に意思決定を委ねる形になってしまいます。その結果、企業は独自のビジョンを失い、外部の「正しいとされる」意見に従うだけの存在となり、企業本来の強みや特色が薄れてしまうことが懸念されます。


　また、外部支援事業者に依存するもう一つのリスクとして、短期的な利益に囚われやすくなる点が挙げられます。外部の専門家は、多くの場合、早期に目に見える成果を上げることが求められるため、短期的な戦略を提案しがちです。

　これに対し、企業は自らのビジョンに基づいた長期的な戦略を構築することが本来の使命であるはずです。しかし、外部の意見に左右されることで、企業は短期的な成果を重視する傾向が強まり、長期的な視野を持つことが難しくなります。短期的な成功にとらわれるあまり、企業は本来の強みや価値観を犠牲にし、将来にわたって持続可能な成長を実現するための機会を逃してしまう可能性が高くなります。

　このような依存状態に陥った企業は、結果として内部の能力を発揮することができなくなり、外部からの支援がなければ何も決定できないという状態に陥ることがあります。

そのため、企業は外部支援事業者の提案を鵜呑みにするのではなく、あくまで補助的な助言として受け止め、自らの判断基準に照らして意思決定を行うべきです。

外部の意見は、あくまで参考材料の一つに過ぎず、それを基にして自社独自の戦略を練り上げることが重要です。

最終的には、企業が自らの力で方向性を定め、外部の意見に流されることなく、自社のビジョンと目標に従って行動することが、真の成長と持続的な成功を実現する鍵となるのです。

さらに、長期的な成長を目指すためには、企業は自らの意思決定力を強化し、外部の助言に依存しすぎない姿勢を持つことが不可欠です。

外部の専門家が提案する戦略が、即効性を持つ一方で長期的な視点を欠いている場合、その影響は企業の将来に深刻な悪影響を及ぼす可能性があります。短期的な利益を追求するあまり、企業は本来のビジョンを見失い、持続可能な成長のための基盤を構築する機会を逃すことになります。その結果、企業は一時的な成功に満足し、次のステップへの挑戦を放棄してしまうことがあるのです。

このように、外部支援事業者に頼ることには一定の利点がある一方で、依存しすぎることで生じるリスクは無視できません。
企業は自らの力で持続的な成長を追求し、外部の助言を適切に取り入れながらも、自社の強みを最大限に活かすための戦略を自ら構築する姿勢を貫くことが重要です。これこそが、企業が長期的な成功を収めるための鍵となるのです。

加えて、外部の助言に多額の費用を投じている場合、その投資が失敗に終わったときの影響は非常に大きくなります。企業が外部の助言に依存しすぎると、その助言が期待に反して失敗した際、企業は迅速に方向性を修正することが困難になり、さらに深刻な事態に陥ることがあります。

投資が大きければ大きいほど、企業はその助言に従い続けざるを得ない状況に陥りやすく、その結果、戦略が硬直化し、状況に応じた柔軟な対応ができなくなります。こうした硬直化が進むことで、企業は競争力を失い、市場での地位を弱めてしまうリスクが生じます。

最終的に、外部支援事業者への過度な依存は、企業が自らの本質を見失い、独自の強みや価値観を損なう結果を招きかねません。企業が成功を追求するためには、外部の助言を参考にしつつも、自社の独自性を維持し、内部の判断力を育てることが不可欠です。外部の意見に左右されることなく、自らのビジョンと目標に基づいた戦略を構築し、持続的な成長を実現するためのバランスを保つことが重要です。

このジレンマを避けるためには、企業自身が「自分たちが何を成し遂げたいのか」を明確に理解し、その明確なビジョンに基づいて外部の助言を取り入れる際にも、自らの判断基準を持つことが必要です。

支援事業者の助言は、あくまで「外部からの視点」であり、最終的な決定は企業内部で行われるべきです。これができなければ、どれほど優れた助言であっても、企業にとっては役に立たないどころか、逆に混乱を招く結果となる可能性があります。

外部の意見が一時的に有効であったとしても、それが企業の長期的なビジョンに反するものであれば、依存せず、あくまで自社の戦略に忠実であるべきです。企業の本質を守るためには、外部からの助言に対しても健全な距離を保ち、必要に応じて取捨選択を行うことが、持続的な成長の鍵となります。

「専門家に任せれば大丈夫」という考えは、現代のビジネス環境において非常に危険な発想です。確かに、専門家は特定の分野において深い知識と経験を持っており、その助言は企業にとって有益であることが多いでしょう。

しかし、企業が専門家に全てを委ね、自らのビジョンや戦略を放棄してしまうと、企業の独自性や競争力は失われてしまいます。

ビジネスの世界は常に変化しており、成功するためには柔軟かつ迅速な対応が求められます。外部の専門家の意見は、あくまで参考にすべきものであり、最終的な意思決定は企業自身が行うべきです。企業が自らのビジョンや戦略を明確に持ち、それを軸に外部の助言を適切に取り入れながら、自らの道を切り開いていく姿勢が重要です。

ビジネスの成功は、単なる知識や技術だけではなく、企業のビジョンや使命感に根ざした戦略によってもたらされるものです。外部の専門家がいかに優れた提案をしても、それが企業のビジョンと一致していなければ、真の成功には繋がりません。

たとえば、短期的な利益を追求する戦略が提示されたとしても、それが企業の長期的な成長や持続可能性を損なうものであれば、企業はその提案を受け入れるべきではありません。このような判断を下すためには、企業は自らのビジョンを明確にし、そのビジョンに基づいて意思決定を行う能力を持つことが必要です。

さらに、企業が外部の助言に過度に依存することは、組織の内部における創造性や革新力を低下させるリスクもあります。ビジネスの現場では、従業員や経営者が自らの経験や知識を活かして新しいアイデアを生み出し、課題を解決することが求められます。

しかし、外部の専門家に頼りすぎることで、組織内部のメンバーが主体的に考え、行動する機会が奪われてしまうことがあります。その結果、企業は自らの強みを発揮できなくなり、成長の機会を逃してしまうことになるのです。

したがって、企業は外部の助言を受け入れる際にも、常に自らの視点を持ち続け、内部のリソースを最大限に活用することが求められます。

このバランスを保つことが、持続可能な成長を実現するための鍵であり、支援事業者との健全なパートナーシップを築くための重要な要素です。

企業が外部の専門家と協力する際には、双方が対等な立場で意見を交換し、共通の目標に向かって協力し合うことが理想です。企業は専門家の意見を尊重しつつも、最終的な決定権は自らにあることを忘れてはなりません。

外部の専門家に依存するのではなく、自らのビジョンと戦略を基盤に据え、その上で外部の助言を取り入れることで、企業はより強固で持続可能な成長を実現することができるのです。

このように、支援事業者とクライアントの間に生じる「最後のジレンマ」は、外部からの助言をどのように取り扱うか、そして企業が自らの意思決定能力をどれだけ保持しているかにかかっています。

企業が外部の助言に過度に依存することなく、たとえそれが拙くても「自らのビジョンと戦略」を確固たるものとし、貫くことで、初めて真の成功を手に入れることができるのです。

現代のビジネス環境は、かつてないほどに複雑で変化が激しくなっています。このような状況下で成功を収めるためには、企業は柔軟かつ迅速に対応するだけでなく、自らのビジョンと戦略に対する確固たる信念を持つことが必要です。

外部の助言は、企業が目指すべき方向性を確認するための補助的なツールとして活用されるべきですが、それに依存してしまうと、企業の独自性や競争力が失われてしまいます。最終的に、企業が成功を収めるためには、自らの意思決定能力を高め、外部の意見を参考にしつつも、自らのビジョンに忠実であることが求められます。

企業が直面する多くの課題や困難は、外部の専門家だけでは解決できないものです。企業が真の意味で成長するためには、内部から生まれる創造性や革新力が不可欠です。

これは、企業が自らの強みを最大限に活かし、外部の助言を適切に取り入れながら、独自の戦略を展開することで初めて実現されるものです。したがって、企業は常に自らのビジョンを中心に据え、そのビジョンに基づいた意思決定を行うことで、支援事業者との協力関係をより効果的に活用し、持続可能な成長を実現することができるのです。

【処方箋】分析は最小限にとどめる

さて、このような状況を常に打開し、企業が主体的に持続的な成長を実現するためには、しっかりとした判断基準を持つことが不可欠です。

特に、マーケティングや戦略策定においては、外部の専門家からの助言や市場データ、競合分析などに依存する傾向がありますが、これだけでは真の成功を手に入れることはできません。

そこで弊社が提案する解決策は、「企業が自らの価値基準を使って、自分で判断できるようにする」という、シンプルでありながら非常に効果的なアプローチです。

弊社は、そのコンサルティングにおいて「マーケティング組織の構築」を支援する事業を展開していますが、その核心には、企業が自らのモノサシを持ち、外部の情報や助言に対して独自の視点で評価し、最適な判断を下す力を育むことがあります。

これにより、企業は市場の変化や競合の動きに柔軟に対応しつつ、自社の戦略をブレさせることなく実行できます。外部の情報に振り回されるのではなく、内発的な判断基準に基づいて行動できる組織こそが、最も強靭な成長力を持つのです。

「組織化」という概念は、単に社内の体制を整えることだけを意味するのではありません。それは、外部からの助言や市場データに対して盲目的に従うのではなく、あくまで自社の価値観や戦略に基づいて判断できる組織を作ることを意味します。

これにより、企業は外部の助言を適切に評価し、自社にとって本当に有益な選択をすることができるようになります。

つまり、企業が自らの価値観と状況に照らし合わせ、何が正しいのかを自分たちで判断できる体制を持つことが、最終的に大きな競争優位性を生むのです。

たとえば、「私は、君の幸せを思ってアドバイスしている」と言われたとき、その言葉を真に受け入れるかどうかは、あなた自身の価値観と目標次第です。

同じように、企業に対する外部からの助言も、すべてが有効とは限りません。重要なのは、その助言が自社の価値観や戦略にどれだけ合致しているかを見極め、それに基づいて行動することです。このような判断力が、企業の成長を支える基盤となります。

さらに言えば、企業にはそれぞれの経営理念、業種、社風、社員数、予算、そしてタイミングに応じた「最適解」が必ず存在します。

この「最適解」を見極めるためには、表面的なデータや流行のトレンドに依存するのではなく、自社の価値観に基づく内発的な判断が不可欠です。市場や競合に対する過度な分析は、時に企業を迷走させる原因となり得ます。

したがって、分析にかけるリソースを最小限にとどめ、重要な判断を下す際には、自社の核心となる価値観やビジョンを軸に据えることが重要です。

世間で一般的に「正解」とされる方法が、必ずしも自社にとっての「最適解」ではないという認識を持つことは、特に競争の激しい市場においては大切です。

他社の成功例に安易に追従するのではなく、自社の強みや目標に合った戦略を見極め、それを徹底的に追求することが、長期的な成功への道を切り開く鍵となるのです。

したがって、最も重要なのは「自分に似合う服を選ぶ」ように、自社に最適な戦略を見極め、それを実行することです。

他社の成功例や流行に惑わされず、自社にとって何が本当に価値があるのかを理解し、それを実現するための判断力を持つことが、長期的な成功への道なのです。

私の考える「マーケティングを実現する組織」とは

弊社が「マーケティング組織構築」の支援を行う中で、クライアント企業様からいただくフィードバックの中で特に印象的な言葉があります。それは「納得しているので、次に進めます」という言葉です。

この一言には、企業がマーケティング活動を推進する上で、最も重要な要素が含まれています。

多くの経営者やマーケティング担当者は、日々の業務に追われる中で、外部からの助言や提案を受ける機会が増えます。

しかし、その助言が「自社にとって本当に正しいのか」を判断できないことが、企業の成長を妨げる要因となることが少なくありません。

だからこそ、私は支援先の企業様に常にお伝えしていることがあります。「デ・スーザが言ったから正しい…という考え方は断じてありえません」と。

私は神様でも予言者でもありません。私の役割は、あくまでクライアントが自らの力で正しい道を選び取るためのサポートをすることにあります。

仮に、私の提案をそのまま「はいはい」と受け入れるだけでは、企業は何も変わりません。企業が成長し、持続的な成功を収めるためには、自ら考え、判断し、行動する力を養う必要があるのです。

私が目指しているのは、一般的な支援事業者とは一線を画するアプローチです。それは、クライアント企業がマーケティングに対する洞察を深め、自らの状況や価値観に基づいて総合的な判断を下し、最善の方向へ進む力を養うことです。

そのために、私はクライアント企業に必要な材料や気づきを提供し、彼らが自社のマーケティング活動を主体的に進められるように導いていきます。

私が考える「本当にマーケティングが機能している組織」とは、単に外部の助言に頼るのではなく、自らの力で正しい判断を下し、組織として自律的に成長できる企業のことです。

すべての企業におけるマーケティング活動の基盤は「判断」にあります。そもそも、経営そのものが判断の連続で成り立っています。

どの市場に進出するのか、どの製品を強化するのか、どのようにブランドを構築するのか、これらすべての決定は、経営者やマーケティング担当者が下す判断によって左右されます。

ですから、私はクライアント企業にこう問いかけます。

「貴社のマーケティング組織には、外部からの情報や提案を判断するための明確な『軸』がありますか？」と。

この軸とは、単なる理論や知識ではなく、企業の経営理念や価値観に根ざしたものでなければなりません。

マーケティングにおける判断の基準が曖昧であれば、どんなに優れた提案でも、実行に移す際に迷いやブレが生じてしまいます。逆に、明確な軸がある企業は、外部の情報を取捨選択し、自社に最も適した戦略を選び取ることができるのです。

私がクライアント企業に提案することは、実にシンプルな一言に集約されます。

それは、「世の中で最高と言われるマーケティングを模倣するのではなく、貴社にとって最適な、一番似合う、一番成果の出るマーケティングを追求すべきではないでしょうか？」ということです。

多くの企業が、市場のトレンドや他社の成功事例を参考にし、自社に導入しようとします。しかし、それが本当に自社にフィットするかどうかは、必ずしも保証されているわけではありません。

たとえば、他社が成功した手法をそのまま導入したところで、企業の文化やリソース、顧客層が異なれば、同じ結果は得られません。

それどころか、自社に合わない手法を無理に実行することで、逆にリソースを浪費し、結果が伴わないという事態にもなりかねません。

企業が本当に持続可能な成長を遂げるためには、他社の模倣ではなく、自社の独自性を活かしたマーケティング戦略が必要です。

それは、外部の助言に依存せず、自社の状況や強み、価値観に基づいた独自の戦略を打ち立てることです。これは一見、時間がかかるように思えるかもしれませんが、長期的にはこれが最も効率的で効果的なアプローチなのです。

私が考える「マーケティングを実現する組織」とは、単に戦略を実行するだけでなく、自らの力で戦略を策定し、判断し、実行に移せる組織です。

それは、企業が自らの軸を持ち、外部の助言を参考にしつつも、自社に最適な道を見極められる組織です。このような組織が構築されて初めて、マーケティングが本当に機能し、企業が持続的に成長できるのです。

そのための第一歩は、自社にとって何が最も重要で、何が最も成果をもたらすのかを見極めることです。貴社にとっての「最適なマーケティング」とは何か。それを考えることこそが、貴社の本当の歩みの第一歩となるのです。

本章の気づきポイントまとめ

・逆論的なマーケティング戦略は、従来のビジネス常識を超え、独自の価値を創出するための効果的な手法の1つになりえる。

・成功は、一般的な戦略とは異なる選択をすることで、未開拓の市場機会を生み出すことから始めることもできる。

・逆論的なアプローチを採用するには、確固たる戦略的理論と柔軟な発想が必要不可欠である。

・組織全体での自律的な判断力が、持続的な成長と競争優位性の確立を支える。

第5章

「逆論」の誕生前夜と、その責務

「奇をてらわない」ために必要な考え方

これまでの章で、私は10の提言を通じて、株式会社Marketer's Brainが推進する戦略の本質や、その背後にある考え方を詳細に解説してきました。

これらの提言は、いずれも私が長年の実務経験を通じて得たものであり、企業の成長と成功に直結する重要な要素です。

しかし、この章では、少し視点を変え、私が過去にSNSで投稿したコラムの内容を紹介しつつ、これまで述べてきた戦略の核心を補完し、より深く掘り下げたいと思います。

このコラムは、単なる「個人の考え方」に留まらず、企業経営や戦略策定においても応用可能な知見を含んでいます。特に、「奇をてらわない戦略」の核を成す部分については、このコラムがそのエッセンスを凝縮したものであり、私が日々の業務で大切にしている「普遍的な真理」に根ざしています。

企業が持続的に成長し、真の成功を収めるためには、単に目新しいトレンドや斬新なアイデアに飛びつくのではなく、むしろ自社の本質的な価値を見極め、それに基づいて一貫性のある行動を取り続けることが必要です。

現代のビジネス環境は、情報過多であり、常に新しいトレンドや技術が生まれ、注目を集めます。多くの企業は、そのようなトレンドに追随することで競争力を高めようとしますが、私が提唱する「奇をてらわない戦略」は、これに対して一線を画します。

この戦略は、流行に乗ることや、目先の利益を追求することよりも、自社が本来持つ強みや価値に焦点を当て、その価値をどうすれば最大限に引き出し、持続可能な形で市場に提供できるかを重視します。これにより、企業は短期的な流行や競争に惑わされず、長期的な視野で着実に成長することができるのです。

たとえば、ＳＮＳでの情報発信一つを取ってみても、多くの企業が「バズ」を狙った奇抜なコンテンツを追求しがちです。

しかし、このようなアプローチは、瞬間的には注目を集めるかもしれませんが、持続的なブランド価値の向上には繋がりません。逆に、私が推奨する「奇をてらわない戦略」は、目立つことや奇抜な表現を避け、本質的なメッセージを一貫して伝えることに重点を置きます。

このようなアプローチこそが、企業の信頼性を高め、長期的なブランド構築に寄与するのです。

この章で取り上げるコラムは、まさにそのような「奇をてらわない戦略」の精神を象徴しています。このコラムでは、私が日常生活やビジネスシーンで感じたこと、そしてその背景にある哲学や価値観について語っています。

これを通じて、みなさまにとっても、自社の「本質的な価値とは何か?」を再確認し、それに基づいた行動を取ることの重要性を再認識していただけることを願っています。

奇をてらわないということは、決して「保守的である」ことを意味するのではありません。それは、自社の本質を見失わずに、確固たる信念を持って行動することです。

このアプローチこそが、変化の激しい時代にあっても、企業が揺るぎない地位を確立し、持続的な成長を実現するための最も効果的な手段なのです。

本章を通じて、貴社が「自身の価値とは何か?」を再考し、その価値に基づいた行動を取るためのヒントを得ていただければ幸いです。

それでは、このコラムを紹介しつつ、改めて「奇をてらわない戦略」の重要性について考えていきましょう。

コラム：普遍的な価値を追求するために必要なこと

多くの人は、何か大きな成功を収めると、その時点を「人生の頂点」として認識し、その後の人生を「下降線」として捉えがちです。

成功体験が輝かしいものであればあるほど、その後の生活がそれに追いつかないと感じ、次第に焦りや不安が生じます。

そして、外から見ていると、次第にその人が「ぎくしゃく」した行動を取り始めるのが分かります。最初は些細な違和感かもしれませんが、やがてその人はおかしな方向に進み、最後にはその存在すら薄れてしまうのです。

具体例を挙げると、ＳＮＳで自身の成功体験を語り続けていた人が、ある時を境に、家族や趣味、日常の些細な話題ばかりを発信するようになったとしたら、それは一つの「しんどいサイン」かもしれません。

これは、自己の成功を守ろうと必死になるあまり、徐々にエネルギーを消耗している兆候です。

一方で、成功を手にした人の中には、「そのプロセスを止めたくない」という強い意志から、常に新たな目標を掲げ、アクセル全開で突き進むタイプもいます。

こうした人々は、その性格が自分に合っているなら問題はないかもしれませんが、人間は誰しも年齢と共に心身のバランスが崩れがちです。無理を重ねると、やがて「しんどそう」が表面に現れ、それが見えるようになります。

ここで問いかけたいのは、「果たしてこの両者は、本当に幸せなのか？」ということです。

私は、自分自身の人生において「満たされる要件」を明確に定義しています。

それは、「持続可能で無理のない自分」でありながら、「社会的存在として他者から認められていること」を両立できる状態です。

この2つが同時に成り立つ時、人は真の「幸せ」を感じることができると考えています。

重要なのは、「普遍的で創造的な活動を行うことが、その基本要件である」という点です。

普遍的な活動とは、時間が経っても価値が変わらないもの、つまり、過去にも現在にも、そして未来にも変わらず存在し続けることを指します。

私はこれを「おいしい目玉焼きの焼き方」と表現しています。１００年前も目玉焼きはあり、今もあり、１００年後も存在するであろうものです。

このような普遍的な価値を持つ活動に取り組むことが、長期的な成功を支える鍵となります。

私が「マーケティング組織構築コンサルタント」として「受注プロセス戦略」を掲げているのも、組織や商業という概念が古くから存在し、今後も続くと確信しているからです。

このような普遍的な価値を追求することで、私は自分のポジションを築き、維持しているのです。今日の流行り言葉やトレンドに飛びつくことは簡単ですが、それらには必ず「流行り廃り」があります。一時的に人気を博しても、やがて下降線を辿ることは避けられません。

次に創造的な活動について述べます。

これは、単なる模倣や批評ではなく、自分独自の視点やアイデアを持ち、それを形にすることを意味します。

多くの人がＳＮＳで他者のコンテンツにコメントを加えたり、何らかの批評を行っていますが、これでは他者との差別化は難しいのです。批評は誰にでもできるからです。

批評ばかり行う人は、短期的には目立つかもしれませんが、長期的には固定化されたファン層に支えられ、そのうち自らの限界を感じることになるでしょう。

ブランディングの真髄は、「少ない労力で、持続可能な価値を普遍的に形成すること」にあります。

これができなければ、たとえ一時的に注目を集めても、その後のハンドリングが難しくなり、最終的には自分自身の存在意義を見失ってしまう可能性があります。目的を見失い、手段に振り回されることは、避けなければなりません。

最後に、私は「一生戦える趣味探し」をしており、仕事でも「普遍」を重視しています。結局、「成功」とは他者が決めるものではなく、「自分で納得できるかどうか」が全てです。だからこそ、派手なトレンドに飛びつくのではなく、今からでも自分だけの「おいしい目玉焼き」を見つけてみてはいかがでしょうか。

それが、貴社の本当の価値を見つけるための第一歩になるはずです。

「奇をてらわない戦略」の本質とは

これまでの章で、弊社が築き上げてきたマーケティング戦略の数々、そしてそれらの根底に流れる「奇をてらわない」アプローチについて詳述してきました。

ここで一度、これまでの内容を整理し、総括することで、読者にとって真に価値ある知見を再確認していただきたいと思います。

1.「奇をてらわない」ことの重要性

マーケティングにおいて、常に新しいアイデアや斬新な戦略を追い求めることは、確かに魅力的に思えます。しかし、弊社が提唱する「奇をてらわない戦略」は、その逆を行くものです。

マーケットの変動や流行に左右されず、自社の本質的な価値を見極め、そこに全力を注ぐ。このアプローチこそが、短期的な成功に終わらない、長期的な競争力を持つビジネスを築く鍵となります。

「目立つことをしない」「達成していないことを言わない」という基本的な原則を貫くことで、外部の雑音に惑わされることなく、自社のペースで着実に進んでいくことが可能となります。

この戦略が、短期的な成功を求めて走りがちな他の企業とは一線を画し、持続可能な成長を実現するための礎となっているのです。

2．成功の条件は「シンプルさ」にある

多くの企業は、複雑な戦略や多くのメソッドを組み合わせることで成功を目指します。しかし、弊社が推進する「受注プロセス戦略」は、その反対です。「たった一つのメソッド」に焦点を絞り、それを徹底的に磨き上げる。このシンプルさが、他の企業には真似できない強力な武器となっています。

シンプルであることは、他社と差別化を図るための重要な要素です。多くの選択肢がある中で、敢えて一つに絞り込むことで、そのメソッドの効果を最大限に引き出し、他にはない独自の価値を提供することができます。この「シンプルさ」を追求することが、長期的な成功を手にするための基本条件となるのです。

3．リソースの最適化と戦略の持続性

「人の採用をしない」「マーケターは指揮をとらない」「広告費をかけない」「分析は最小限にとどめる」——これらのアプローチは、一見すると企業の成長に逆行するかのよう

に見えますが、実際にはこれが戦略の持続性を支える基盤です。限られたリソースを最大限に活用し、無駄を徹底的に排除することで、効率的かつ効果的な成長が可能になります。

特に、マーケティングの世界では、情報が過剰に溢れる現代において、選択と集中が重要です。無駄な活動を省き、真に価値を提供できる領域に全リソースを集中することで、他の追随を許さない競争力を確立することができます。このリソースの最適化こそが、持続可能なビジネスモデルを築くための不可欠な要素となります。

４．環境の変化に柔軟に対応する

「奇をてらわない」とは言え、変化し続ける市場や技術に対しては、柔軟に対応することが求められます。過去に成功した手法に固執することなく、常に新たな可能性を探り、必要に応じて戦略をアップデートする柔軟性が必要です。

しかし、この柔軟性は、無闇に新しいものを追い求めるのではなく、自社の本質的な価値を守りつつ、進化させていくことにあります。

たとえば、デジタルマーケティングやＡＩの導入においても、ただ新しい技術を取り入れるのではなく、既存の戦略にどのように組み込むかを慎重に考える必要があります。技術の進化に乗り遅れないことは重要ですが、それが自社の価値を損なうものであってはならないのです。

5．持続可能な成長を目指して

最後に、貴社が目指すべきは、持続可能な成長です。

短期的な成功は確かに重要ですが、それに満足することなく、長期にわたって安定した成果を上げ続けることが、真の成功と言えるでしょう。

この持続可能な成長を実現するためには、表面的な成果に惑わされず、長期的な視野を持ち続けることが不可欠です。短期的な利益を追求することは一時的な成長をもたらすかもしれませんが、持続可能な成長を追求するためには、地道な努力と一貫した戦略の実行が求められます。

特にマーケティングの世界では、トレンドや流行が目まぐるしく変わり、その都度新しい戦略が必要とされることが少なくありません。

しかし、こうしたトレンドに追随するだけでは、長期的な成功を収めることは難しいでしょう。

貴社が本当に追求すべきは、トレンドに左右されない普遍的な価値を見極め、それを基盤にした戦略を築くことです。この普遍的な価値とは、弊社独自の強みや市場におけるポジショニングを指し、それらを活かした戦略こそが、どのような環境下でも揺るがないものとなります。

持続可能な成長を目指すためには、まず自社の強みを深く理解し、それを最大限に活かすことが必要です。強みを活かすということは、単に現在の市場ニーズに応えるだけでなく、将来的な市場の変化にも対応できる柔軟性を持つことを意味します。

たとえば、自社が持つ技術力や独自のノウハウを基に、既存の市場に加えて新しい市場やニッチ市場を開拓することが考えられます。また、自社の強みを活かし、他社との差別化を図ることで、持続可能な競争優位性を築くことができます。

また、持続可能な成長には、長期的な視野に立った意思決定が欠かせません。短期的な成果を上げるための戦略は、しばしば長期的なビジョンと矛盾することがありますが、持続可能な成長を目指すためには、長期的なビジョンに基づいた意思決定を行うことが重要です。

これは、リソースの最適な配分や、投資のタイミング、さらには新たな事業機会の探求に至るまで、あらゆる経営判断において求められます。長期的な視野を持つことで、一時的な利益にとらわれることなく、企業の持続的な成長を支える基盤を強化することができます。

さらに、地道な努力の積み重ねもまた、持続可能な成長には不可欠です。

目に見える成果がすぐに現れることは少ないかもしれませんが、日々の取り組みが積み重なってこそ、大きな成果が得られます。

これは、社員一人ひとりの努力や、組織全体の取り組みが長期的な成果に繋がるという意味でもあります。持続可能な成長を実現するためには、短期的な成功に一喜一憂するのではなく、長期的な目標を見据えてコツコツと努力を続けることが求められます。

結論として、貴社が追求すべきは、一時的な成功ではなく、どのような環境変化が起こっても対応できる持続可能な成長です。

そのためには、自社の強みを見極め、それを最大限に活かし、長期的な視野を持ちながら、地道な努力を積み重ねることが不可欠です。

このような戦略を構築することで、貴社は持続的な成長を実現し、変動する市場の中でも安定した成果を上げ続けることができるでしょう。

最後に、持続可能な成長を実現するために必要なのは、理論だけでなく実践です。

本書で紹介した戦略や考え方を、貴社の具体的な課題にどう適用するか、次の一歩を踏み出すことが大切です。Marketer's Brainでは、これまで多くの企業が直面してきた課題を解決し、持続的な成長を実現するためのサポートを提供しています。

貴社がもし「自社だけでは到底……」と思われるのであれば、一緒に未来への道を切り開きましょう。まずはお気軽にご相談ください。

「逆論」の誕生前夜と、その責務

さて、これまで私は本書を通じて、「逆論のマーケティング」というコンセプトについて詳細に述べてきました。この考え方は、あえて「アレをしない、コレをしない」といった形で、従来のマーケティング戦略の真逆を行くような論調を展開しています。

しかし、この論調を見た読者の中には、単なる逆張りや反抗的な姿勢に過ぎないと思う方もいるかもしれません。

確かに、従来の方法や一般的な手法を否定するかのように見えるかもしれませんが、実際にはそれ以上の深い理由があり、背景があります。

本章では、なぜこの「逆論」が誕生したのか、その背後にある意図や、私が感じている責務について詳しくお話しさせていただきたいと思います。

この話を理解するためには、少し時間を遡る必要があります。それは、2017年～2018年の頃のことです。

当時、私は某大手ケーブルテレビ会社で数年間にわたり、デジタルマーケティングの主担当を務めていました。在任の期間中は、毎月数億円もの巨額の予算を投じ、様々なBtoCマーケティング活動を展開しました。これらの活動は大成功を収め、その後、BtoB事業（マーケティング支援ツールの企業）へ転職。転職先でも同様に目覚ましい成果をあげることができました。

最終的には、それらのノウハウを一定、体系化し、国内の大手マーケティングカンファレンスに登壇する機会が増え、年間にして100回を超える講演を行うまでになりました。その中には、自社が主催する小規模なカンファレンスも含まれますが、それでもこれだけの数をこなすのは並大抵のことではありませんでした。

そんなカンファレンスにおいて、私が提唱していた内容は、決して「逆論」ではなく、むしろ「王道にして正道」のマーケティング理論でした。

それは、広く一般に受け入れられ、成功を収めてきた手法を基にしたものであり、多くの企業にとっても有用なものでした。また、それらの行為は、当時私が所属していた企業が提供する優れたマーケティング支援ツールを広めるためでもありました。このようにして、私はその時代のマーケティングの最前線で、王道を行く戦略を積極的に啓蒙していたのです。

幸いなことに、私の講演は、多くの関心を集めました。特にマーケティングの最新トレンドや実際の成功事例に触れることで、聴衆の興味を引きました。

ある大きな会場の講演では、私の講演が終わるとすぐに、50人以上もの長蛇の列ができ、私との名刺交換や個別の相談を希望する人々が押し寄せました。その時の情景は、今でも鮮明に覚えています。

特に、デジタル施策を通じてブランディングを可視化する手法や、マーケターを対象とした調査から導き出した「伸びる企業の特徴」とそのレポートの提供は、大変な反響を呼びました。何せ、そう言った施策の1つは、実にその企業の半年分のリードを、たったの1週間で稼ぎ出すほどの成果をあげたのです。

これらの講演内容や活動の成果は、２０２４年現在でもマーケティングカンファレンスの名称と、私の名前と共に検索すれば、記事やレポートを目にすることができる模様です。

このように、私は確かに、ある時期まで、マーケターとして「王道」を行使し、その道のりで多くの成果を上げてきました。それは、ＢtoＢマーケティングにおいても例外ではありませんでした。だからこそ、おそらく、当時の私は業界内でも評価の高いマーケターの一人であったのではないかと思います。

しかし、だからこそ、なぜ私は「逆論」を掲げるに至ったのか、その理由が重要なのです。

それは、ある登壇の際の事でした。いつものように私は聴講者の方々と名刺交換を行っていました。毎回の講演後には多くの方が私のもとを訪れ、熱心に意見を交換し、さらなるアドバイスを求めてこられます。その時も例外ではなく、数十人が私の話に感銘を受けたように見え、次々と名刺を手にして訪れました。

しかし、その中に、特に印象深い一人の方がいらっしゃいました。彼はしばらくの間、私の話をじっと聞き、そして非常に真剣な表情でこう言ったのです。

「私は、あなたのようになりたいし、あなたのマーケティング論が正しいと心から思います。でも、それでも私はできません。」

その瞬間、私は言葉を失いました。それもそのはず、この言葉を発したのは、日本でも広く知られた企業のマーケティング部長だったからです。彼は成功を収めたビジネスパーソンであり、普通であれば「できる側」の人間だと思われるような人物でした。

どうやら彼はこれまで、マーケティングという分野での経験を十分に積んでおらず、もともとは営業や商品開発といった別のキャリアを歩んできたようです。そして、組織の流れでマーケティングを担うようになったという背景があったように思われます。

私は、その言葉が頭に残り、私はしばらく考え込みました。当時、私はマーケティングの世界で最前線に立ち続け、国内でも最高峰と称されるマーケティングカンファレンスに登壇していました。その楽屋では、超大手のＳＦＡ（Sales Force Automation）やＭＡ(Marketing Automation) を手がける支援事業者とのオフレコの会話が頻繁に行われていました。

ある時、「ツールを導入している企業のうち、実際にそのツールを使いこなしている企業は10％にも満たないかもしれない」といった話が話題になったことがあります。これは単なる噂や戯言ではなく、真実味のある数字だと感じました。

なぜなら、私自身もツールベンダーとして多くの企業のユーザーデータを見てきた経験があり、その実態を十分に理解していたからです。

しかし、そのような現実を知っていながらも、私は心のどこかで「やればできるだろう」

と考えていました。当時の私は、成功するためには努力と正しい手法さえあれば、誰でも結果を出せると信じていたのです。

だからこそ、その方が発した「できません」という言葉に対して、最初は理解できず、彼の怠慢を疑ってしまったのも事実です。

ですが、その後も数多くの登壇を重ね、さまざまな企業のマーケティング担当者からヒアリングを行う中で、「やりたいけどできない」という層が確実に存在することを、そして、それはむしろ「多数派」ですら有り得ることを、徐々に理解するようになりました。

この気づきが、私にとっての大きな転機となり、株式会社Marketer's Brainの創業に繋がったのです。私がこの会社を立ち上げた背景には、この言葉が深く関わっています。

それまで私は、マーケティングの王道を歩んできたと自負していました。しかし、その王道を踏み外さずに成功できる企業ばかりではないという現実を、徐々に認識するようになったのです。

今になって振り返れば、あの方が直面していた状況は、決して彼一人の問題ではなく、組織全体に根付いた課題が背景にあったのだと理解できます。その企業は、長らく続いてきた負け癖が染みついていたのかもしれません。

また、あらゆる手を尽くしても「何が正しいのか」を見極められない状況に陥っていたのかもしれません。数多くのセミナーに顔を出しても、その度に「それは、お前の会社だからできたことだ」と感じてしまい、挫折感を抱えていたのではないでしょうか。彼が発した言葉には、そんな組織的な背景が凝縮されていたのだと、今では確信しています。

ひとくちに、ＢtoＢビジネス、と言っても、それこそ良くあるシステム会社やＩＴツールベンダーのような、まさにＳＥＯや広告戦略、コンテンツマーケティングこそが、どハマりして、主戦場（重要）になるビジネスもあれば、日用品の中で、特定の機能を支えるような超ニッチな素材、あるいは最新のスマホにごく微量に内蔵されたチップに使う、ほんのわずかな添加剤のような「そんな検索ニーズがどこにあるんだ」というようなビジネスまで、とにかくＢtoＢビジネスというのは、その敷居が圧倒的に広いため、どうしても、セミナーや成功事例、カンファレンスや、王道の手法が、「わかりやすい業種、業容、事業規模」に偏ってしまいがちです。

また、優秀なスタッフ、外部ベンダー、便利なツール、潤沢な予算、理解の良い組織構造、信頼できる仲間、などに最初から囲まれている企業と、「人もない、モノもない、金もない」という企業が、同じ土俵で「しのぎを削らなければならない」という理不尽な状況に陥るのが商売の常です。

その「無いなら無いなり」の人が、「あるのが前提」の王道を模倣しても、そもそものリソースに差がありすぎて、もはや勝負にすらならないことも、決して珍しくありません。

私は「王道を行使できる環境」にいたこともあれば、「王道が全く役に立たない」環境に身を置いたこともあり、つまりそれは、「一定の成功の型」を熟知しており、その実績を持って登壇すらしたこともある一方で、「何も持てない、成功の型を行使できない」状況もまた、よく知っています。

つまり、本書で提示されている「逆論のマーケティング論」とは、「型破りな戦略」では、確かにありますが「形無し」では無いということです。市場に進出し、多くの競合と相対するためには、どうあっても、少しでも多くの「手札」を持ち、それを行使できた方が良いに決まっているのです。


実際問題として、私が「受注プロセス戦略」を持ってクライアント企業の支援に入る際、しばしば「王道の戦略」を選び、それを実際に展開することがあります。企業には、それぞれ独自の事情や背景があり、その中で「使わなければならない予算」「やると決まっている施策」「守らなければならないタイムリミット」など、私がジョインする時点で既に確立されている「譲れない決まり事」が存在します。

これらは、ビジネスの現実として無視できないものであり、私はそのためにクライアントと並走することが、実際あります。

一方、こうした現実の中で、リソースが豊富でない企業と仕事をすることも少なくありません。

「何もない」ことは確かに厳しい状況です。リソースや支援が限られている中で、戦略を立てるのは容易ではありません。

しかし、逆に「何もない」からこそ、既存の枠にとらわれない自由な発想で「真っ白なキャンバス」に新たな戦略の絵を描くことができるという、一種の幸運を感じることもあります。このような企業は、たとえ手元にリソースが乏しくとも、その制約を逆手に取り、新たな戦略を模索し、勝てる手札を増やしていく必要があります。

たとえば、ある企業が「このままだと半年後には部署がなくなる」といった危機的な状況にあるとしましょう。または、「すでに投資対効果が出せず、兼務状態になっている」というような状況である場合、従来のやり方や一般的な戦略では打開策が見つからないことが多いのです。

このような状況に直面している企業は決して少なくありません。だからこそ、リソースが限られている中でも、勝てる手札を増やすためには、「型を知っている人間」、つまり「王道を理解した上で、その型を破る戦略を生み出せる人間」が必要なのです。

「王道」を知り尽くし、理解した上で、既存の枠組みや考え方にとらわれず、状況に応じて新たな戦略を創造する。

それはまさに「型破りな考え方」であり、私はそれを継承し、啓蒙し、そしてクライアントと共に展開していくことを自分の責務と感じています。

何も持たない企業が、成功を勝ち取るための唯一の道筋は、この「型破りな戦略」にあるのです。従来の枠を超えたアプローチが、いかに厳しい状況であっても、企業に新たな道を切り開く可能性をもたらします。そして、その可能性を追求し続けることが、私の使命だと信じています。

このような視点から見ると、私が本書で提供している「型破りな戦略」というのは、必ずしも単なる反抗や、逆張りではなく、まさに戦略的な選択なのだということがわかっていただけると思います。

それは、リソースが限られているからこそ生まれる創造的な発想であり、企業が新たな成功を収めるための道を切り開くカギとなります。

私は、これまでに培ってきた「王道」の知識と経験を基にして、その型を適宜破り、新たな手法を模索し続けることを心がけています。これこそが、私がクライアントに提供できる最大の価値であり、企業が生き残り、成長するための力となるはずです。

まとめ

これまで述べてきた「逆論のマーケティング論」は、私の経験に基づくものであり、決して単なる「逆張り」ではありません。

私は、「王道」を知り尽くし、それに従い、多くの成功を収めてきました。しかし、マーケティングの現場において、すべてが王道に従って進むわけではなく、むしろその枠組みを超えることが求められる状況が少なからず存在します。

特に、リソースが限られている企業、既存の手法が通用しない環境においては、型にとらわれない「逆論の戦略」が新たな道を切り開くための唯一の選択肢となり得るのです。

この「逆論」は、決して「形無し」の戦略ではありません。

それは、王道を理解した上で、そこから逸脱し、新たな可能性を模索するアプローチです。マーケティングにおける王道の手法は、確かに多くの場面で成果をもたらしますが、それだけでは対応しきれない課題があることも事実です。

だからこそ、私はあえて「逆論」を提唱し、それを実践しています。

この章で紹介したように、私が提唱する「逆論のマーケティング論」は、特にBtoBビジネスにおいて、さまざまな状況に対応できる柔軟性と独自性を備えています。

市場は常に変化し、企業が直面する課題も多様化しています。そのような中で、王道の手法だけに頼ることはリスクを伴います。だからこそ、私たちは「逆論」を受け入れ、必要に応じて王道を超える新たなアプローチを見つける必要があるのです。

私の使命は、こうした「逆論の戦略」を通じて、企業が自らのリソースに合った勝てる手札を増やし、新たな成功への道を切り開く手助けをすることにあります。

それは、単なる理論の提案ではなく、私自身が数々の経験を通じて得た実践的な知見に基づくものです。

本書を通じて、みなさまが「逆論のマーケティング論」の真髄を理解し、それを実践することで新たな成果を手にすることを期待しています。

「逆論」は、挑戦です。

そして、挑戦は、変化をもたらします。

私たちが変化を恐れず、積極的に新しい手法を取り入れることで、マーケティングの未来を切り開くことができるでしょう。

王道と逆論、この両者を理解し、適切に使い分けることが、現代のマーケティングにおける最大の強みとなるのです。

本章の気づきポイントまとめ

・戦略は市場の変化に対応し、柔軟に修正することで初めて持続可能なものとなる。

・持続的な成功には、戦略の一貫性と同時に、環境変化に即応できる適応力が不可欠である。

・長期的な視点での戦略の見直しと、短期的な成果をバランスよく追求することが重要である。

・戦略のシンプルさが競争優位を生む：複雑な戦略を避け、シンプルで本質的なアプローチに焦点を当てることで、他社には真似できない強力な武器となる。

・リソースの最適化が成長を支える：

限られたリソースを最大限に活用し、無駄を排除することで、効率的かつ持続的な成長を実現する。

・流行に惑わされず本質に注力する：
トレンドや短期的な流行に追随するのではなく、自社の本質的な価値を見極め、それを軸に戦略を構築することが、長期的な成功の鍵となる。

・成功の指標は「内なる納得感」にある：
成功は他者の評価だけでなく、自分自身が納得できるかどうかが重要であり、持続可能な活動が真の幸福感に繋がる。

・創造的な活動が差別化を生む：
批評や模倣ではなく、自分独自の視点やアイデアを形にすることで、持続的なブランド価値の向上を図る。

・「逆論」の戦略は状況に応じた柔軟な選択肢である：

王道と逆論の両方を理解し、適切に使い分けることで、
変化する市場において競争力を保つことができる。

終わりに

まずは、本書をここまで読んでいただいたみなさまに、深い感謝を申し上げます。

本書は「王道」と「逆論」という二つの視点から、ビジネスとマーケティングの世界を見つめ直し、成功を追求するための新たなアプローチを提案してきました。

私がこれまで歩んできたキャリアを通じて学んだのは、「王道」という誰もが現場で最初に触れるアプローチに加えた、「逆論」という、「もう少し、その視点を変えてみようよ?」という、さらに進んだ、従来の常識にとらわれない柔軟な思考と、絶えず進化し続ける姿勢の重要性です。

ビジネスの世界では、私たちはしばしば「正しい戦略」を追い求めます。

しかし、真の成功は単に「王道をなぞるだけ」では達成できません。むしろ、時には逆論的なアプローチが必要となる場面もあります。

成功するためには、状況に応じて適切な戦略を選び取り、柔軟に対応することが求められるのです。

本書では、そのための具体的なアプローチや視点を提供することを目指したつもりです。

私が、これまでのキャリアを通じて感じてきたのは、ビジネスにおいては「変化こそが唯一の不変」であるということです。

市場環境は絶えず変化し、それに伴い、私たちが採るべき戦略も変わっていく必要があります。従来の「王道」だけでは対応しきれない新たな課題に直面したとき、私たちは「逆論的」な思考を持ち込むことで、これまでにない成果を生み出すことができるのです。

実際、弊社の3年目の前後の時点というのは、いわゆる「コロナ禍」のタイミングでした。あの当時、弊社の実例にもなっており、弊社の大きな飛躍を担ったクラレ様のオンライン展示会の施策も、当時のリアル展示会の中止に伴って、「どうしよう?」となっていたタイミングで、「要は展示物を、新しい技術を見たい人に提供できる場があって、かつ、このタイミングならそれが最適解になるのなら、オンラインでもいけるはずだ」という、まさに「コロンブスの卵」のような思想から、「オンライン展示会」を成功させ、それが日経新聞の一面に掲載されていったわけです。

このような事例からも分かる通り、私が強調したいのは、成功に至る過程での「適応力」

の重要性です。変化に対応するためには、柔軟性と創造性が不可欠です。そして、この適応力を養うためには、常に学び続け、自らの思考を進化させることが求められます。

つまり、座学ではなく「現場」に居て、その空気を吸い、あらゆるイレギュラーを吸収する中で「本質」を見出す。

こうすることで、初めて「あらゆる状況を乗り切るための太いバックボーン」が形成され、だからこそ「逆論論」のような柔軟な思考に至るのです。

私がここで述べている「逆論的アプローチ」も、単なる反対の行動を取ることではなく、新たな視点を取り入れ、現状を打破するための手段なのです。

さらに、私は本書や、弊社のサービスを通じて、単にマーケティングやビジネス戦略のテクニックを提供するだけでなく、読者のみなさまが自らのビジネスに対する新たな気づきを得られることを目指しています。

私たちはしばしば、外部の助言や一般的な理論に頼りがちですが、最終的に自分たちのビジネスに最も適した戦略を見つけ出すのは、私たち自身です。だからこそ、私は読者のみなさまに「自分の中にある直感や知識を信じてほしい」と願っています。

私は、これまで数多くの企業と関わり、彼らの成功を支援してきましたが、その中で感じたのは、成功の秘訣は一つではないということです。

それぞれの企業には、それぞれの状況や文化があり、他社の成功事例をそのまま模倣しても、同じ結果を得られるとは限りません。

だからこそ、私は本書で「逆論」というテーマを掲げ、多様な視点からアプローチすることの重要性を、あえて強調しました。

最後に、本書の執筆を通じて、私自身も多くのことを学びました。

ビジネスの世界において、完璧な戦略や方法は存在しません。私たちができるのは、常に学び、進化し続けることです。

そして、その過程で自らの強みを最大限に活かし、持続的な成長を遂げることです。本書が、読者のみなさまにとって、その成長の一助となれば幸いです。

これからも、私たちは共に学び、共に成長していくことができると信じています。市場は絶えず変化し、新たな課題が私たちを待ち受けています。

しかし、これまでに学んだこと、そして本書で得た知識や洞察があれば、どんな困難にも立ち向かうことができるでしょう。

私には夢があります。それは、日本の多くの企業がマーケティングによって「最適解」となる競争力を手に入れ、その効果を最大限に発揮し、もう一度「Ｊａｐａｎ ａｓ Ｎｏ．１」と世界から称される国を取り戻すことです。

「馬鹿げている」と言われるかもしれませんが、人口が減少する日本が、いまの子供たちが希望を持てる「国力」を取り戻すには、それくらいの大きな目標があっても良いと思うのです。

私は多くの方々の協力と応援を得て、それが実現できると信じています。どうか皆さんも夢を持ってください。そして、共にこの大きな挑戦に立ち向かっていきましょう。

未来は私たちの手の中にあります。

小さな一歩が、大きな変革を生むのです。あなたが選ぶ次の行動が、この国の未来を創ります。

どうか、自信を持って進んでください。共に未来を切り拓きましょう。

あとがきに代えて

２０２２年に出版した『営業を起点とし、マーケティング組織で実現させる、Ｗｅｂサイト受注プロセス戦略』は、私にとって転機となった一冊です。

元々その概念を念頭に置いて仕事をしていましたが、それが『受注プロセス戦略』として体系化され、正式な商標を取得して世に送り出されたことで、弊社はこれまでの『伏龍』のような潜伏状態から脱却しました。

広報活動の拡充を通じて、蓄積された事例が一つの流れとなり、２年の間に確固たるブランドを築くことができました。

興味深いのは、ビジネスや人生における『プロセス』の重要性が、世間ではしばしば見過ごされがちであるということです。

多くの人々が注目するのは、成功や成果が達成された『瞬間』であり、その背後にある長年にわたる努力や計画には目が向けられないことが多いのです。

成功は一夜にして成るものではなく、巧妙に張り巡らされた伏線や計画が、時間をかけて形となるものです。

しかし、その見えない部分にこそ、真の価値が潜んでいます。ブランディングやマーケティングの本質を理解するならば、結果だけではなく、その背後にあるプロセスを理解することが重要であると気づくはずです。

それでもなお、多くの人がこの『見えない部分』に気づかないのは、そのプロセスがあまりにも長期的であり、見えにくいからかもしれません。

本書では、マーケティングの『潜伏期間』に焦点を当て、『表面的な派手さにとらわれるべきではない』ということを、時系列に沿って丁寧に解説してきました。

このアプローチを取ったのは、短期的な視点だけで物事を捉え、経営判断を下してほしくないという強い願いからです。

成功とは一朝一夕に得られるものではなく、長期的なビジョンと戦略の積み重ねが必要です。

昨今、欧米のハイブランドは価格を引き上げ続けています。腕時計ではロレックスやパテックフィリップ、バッグではエルメスやルイヴィトンがその代表格です。

これらのブランドは日本でも広く支持されており、圧倒的な『ブランド力』で確固たる地位を築いています。

対照的に、日本のブランドは『良いものをより安く』という価値観に縛られ、未だに『高価格でも誰もが欲しがる』ブランドを育てることが難しいのが現状にみえます。

しかし、欧米のハイブランドが築き上げた地位は、長い歴史とその中で培われた『ストーリー』に支えられています。

これらのブランドが持つ魅力は、単なる高品質や高価格ではなく、その背後にある長い年月をかけて育まれたブランドストーリーにあります。このようなブランドは、一朝一夕に作り上げられるものではなく、その模倣は非常に困難です。

彼らは、実に多くのことを『やらない』選択をすることで、そのストーリーを守り、価値を高めています。そして、それが最終的に圧倒的な成果を生むのです。

もちろん、私は単純に『ハイブランドを目指せ』と言っているわけではありません。ブランド力は時間と共に築かれるもので、一朝一夕に手に入るものではないからです。

しかし、少なくともB to B事業において、『価格が一番安かったから選ばれた』よりも、『貴社のサービス以外考えられない』と言われる方が、はるかに建設的で長期的な成功を生むことは間違いありません。誰もがそうした信頼を築きたいと願うのではないでしょうか。

そのために必要な『選ばれる理由』は、多岐にわたります。高品質な製品、お客様に寄り添う姿勢、手厚いアフターサポート、いずれもその理由となり得ます。

しかし、肝心なのは、みなさまが提供できる『価値』を、どのようにして適切な人々に確実に伝えるかです。それは決して複雑なプロセスである必要はなく、むしろ、簡潔でシンプルに伝えることこそが、ビジネスの成功において最も重要な要素ではないでしょうか？

企業の世界では、人材の入れ替わりや部署の再編、外的な変革が日常的に求められています。こうした変化の中で、日本の老舗企業が持つ『文化』の力は、非常に重要な要素として残り続けています。

この文化を現代のビジネス環境に適合させ、マーケティングの力を借りて真に活かせる企業が増えていけば、確実に日本の商業の未来はより良いものになるでしょう。

本書を執筆するにあたり、もう一つ重要な要素がありました。それが、ＣｈａｔＧＰＴを代表とするＡＩの活用です。

ＡＩとの対話を通じて、私自身の考えを整理し、真に伝えたいことをより明確にすることができました。執筆を進めながら、ＡＩとの共同作業により、本書がさらに深みを増し、読者にとって価値ある内容になったと感じています。

ＡＩはただのツールではなく、新しい発見や自己認識のきっかけを与えてくれる存在でもあります。

『戦略で勝つ』という信念を貫くため、弊社はこれからも研鑽を重ねていきます。

同時に、自らの姿勢に責任を持ち、その背中で信頼を築いていきたいと考えています。

もしかすると、弊社は無骨で不器用な部分があるかもしれませんが、それでも私は自分が創り上げた株式会社Marketer's Brainに、深い誇りを持って事業を推進していくつもりです。

最後に、本書が生まれるまでにご支援くださったすべてのクライアント企業のみなさま、そしてその背後で支えてくださったパートナー企業、アライアンス事業者、そしてプロフェッショナルな仲間たちに、心からの感謝を捧げたいと思います。
これからも共に歩んでいけることを楽しみにしております。ありがとうございました。

令和6年　9月吉日

株式会社Marketer's Brain　代表取締役　デ・スーザ　リッキー

著者　デ・スーザ　リッキー

営業および、マーケティング領域において「商い」を、しくみ化し、クライアント企業の業績を急進させるプロフェッショナル人材。

社内のしくみ化やデジタル化を一気に加速させ、「強いマーケティング組織をつくりだすカリスマ」と称される。

クライアントは年商数億円規模から、個人コンサルタントとしては異例の東証プライム上場企業の指導実績も多数。手がけた案件をことごとく成功させ、期待を遥かに超えた成果を生み出すことで絶大な評価を博す。

クライアントからの信頼が厚いのも特徴で、同社の公式サイトや各メディアに指導先名が実名で掲載。

指導スタイルは情熱的で、経営陣はじめ、時には100名以上のマネージャー、幹部クラスらを巻き込み、わずか一年足らずで、全社に「商いのデジタル革命」を各社で巻き起こしている。

2019年、株式会社 Marketer's Brain 設立。同社代表取締役社長。

1979年生まれ、明治大学卒。

小社 エベレスト出版について

「一冊の本から、世の中を変える」―― 当社は、鋭く専門性に富んだビジネス書を、世に発信するために設立されました。当社が発行する書籍は、非常に粗削りかもしれません。熟成度や完成度で言えばまだまだ低いかもしれません。しかし、

・リーダー層に対して「強いメッセージ性」があるもの
・著者の独自性、著者自身が生み出した特徴があること
・世の中を良く変える、考えや発想、アイデアがあること

を基本方針として掲げて、そこにこだわった出版を目指します。

あくまでも、リーダー層、経営者層にとって響く一冊。その一冊から経営が変わるかもしれない一冊。著者とリーダー層の新しい結び付きのきっかけのために、当社は全力で書籍の発行をいたします。

最高の人時生産性を実現し、戦略だけで収益を最大化させる
逆論のBtoBマーケティング受注プロセス戦略
～実話で証明する十か条の提言～

定価：本体3，080円（10％税込）

2024年9月27日　初版印刷
2024年10月16日　初版発行

著者　デ・スーザ リッキー
発行人　神野啓子
発行所　株式会社 エベレスト出版
〒101-0052
東京都千代田区神田小川町1-8-3-3F
TEL 03-5771-8285
FAX 03-6869-9575
http://www.ebpc.jp

発売　株式会社 星雲社（共同出版社・流通責任出版社）
〒112-0005
東京都文京区水道1-3-30
TEL 03-3868-3275

印刷　株式会社 精興社　　装丁　MIKAN-DESIGN
製本　株式会社 精興社　　本文　北越紀州製紙

 ISBN 978-4-434-34770-2